THE HAPPINESS PROJECT

幸福要回答

THE HAPPINESS PROJECT

杨澜 朱冰◎著

江苏文艺出版社
JIANGSU LITERATURE AND ART PUBLISHING HOUSE

C O N T E N T S

THE HAPPINESS
PROJECT

THE HAPPINESS
PROJECT

杨澜

自序
女人，离幸福更近

8年前，在一段宣传片中，一袭红裙的我跟随拉丁舞曲摇摆，给观众造成了一定的不适反应，记得好友崔永元说：“如今娱乐当道，瞧把杨澜都逼成这样了！”哈哈，其实还真没人逼我，是自个儿设计的，显露的是我的另一面。女人被称为感性动物，一种叫情绪的东西，更容易被我们感知，也得以更直接地表达。相对于男性的社会化角色，女人可以活得更本真、更纯粹。听到舞曲的节奏，身体就不自觉地扭动起来，没什么深意，随性而已。

收看过《杨澜访谈录》和《天下女人》的观众很容易注意到节目的“场”是不同的，相应的人的状态也不同。前者探讨的话题是世界，后者展现的是生活；前者的谈话是理性的、严肃的，后者是感性的、轻松的；前者让我尽量收敛情绪，甚至为了客观性有意保持与受访者的距离，而后者让我放下戒备，释放情绪，与搭档和嘉宾的情感相融在一起、哭笑在一起。有时我甚至觉得，在前者中我几乎是中性的，而在后者中我享受做女人的乐趣。

做女人真好。我们可以毫不扭捏地装扮自己，骄傲地展现上天赋予的美丽；可以自然地流露情感，释放天性，表达爱憎；更因为母性的驱使，对生命有更多的包容与爱惜。女性是大地，是生生不息的繁衍者、滋养者、抚育者、收容者。在《易经》中，坤象曰："至善坤元，万物资生。乃顺承天，坤厚载物。牝马地类，行地无疆。顺柔利贞，君子攸行。先迷失道，后顺得常。"根据这样的说法，女性不仅象征大地博大深厚的德行，也指引着迷失的心灵，让其拥有平和柔顺的智慧。

女人与幸福有着更亲密的关系。社会调查发现，女人比男人更容易感受到幸福：一瓶香水，一句贴心的话，都能让她们乐上一天。而因为同样的敏感，女人也比男人更容易感到不幸福。在家庭中，女人是照顾者（care-taker），对弱小的生命有着与生俱来的慈爱悲悯。如果我们从心理学的角度，把中华民族看作一个大家庭，那么就无法忽视它曾经经历的巨大心理创伤：千年封建帝制的压抑，百年战乱内乱的洗劫，几十年政治运动中人与人的背叛倾轧，还有自然环境恶化、社会保障缺失带来的重重焦虑与不安全感……我们的民族需要疗伤。当下中国社会从温饱到小康，从一味追逐物质财富到希望有更平衡的物质和精神生活，特别是社会的公平正义、人与人的信任友善，变得与国民的幸福感息息相关的时候，女性，以她们敏感与温柔的天性，特别是作为母亲，有可能成为家庭与社会的疗伤者、民族未来的创造者。不过，她们自己还有许许多多的困惑与挣扎。从贤妻良母的传统角色到活跃于职场的社会承担，女性的自我认知和期许正经历着巨大冲击。是干得好还是嫁得好？是嫁鸡随鸡还是保持独立？出得厅堂的修养，下得厨房的手艺，斗得过小三的智慧，打得过流氓的勇气……超人算什么？做一个当代女人才不容易！她们有话要说。

我们的选题集中在女人的故事、女人的话题和女人的视角。女人的故事实在精彩：成长的烦恼和疼痛，奋斗的艰难和喜悦，成功的困惑和诱惑，行走的发现和奇遇……真可谓生命不息，故事不断。女人的话题也实在丰富：一曰美，二曰爱，几乎就是不可穷尽的。只要谈到减肥，谈到扮靓，谈到整容，谈到星座血型命格，谈到男人的花心、孩子的聪明、父母的恩情，哪个女人没一箩筐的话倒给你？针对各种社会问题，女人的视角是独特的。无论是艰难的求职、高企的房价、社会的不公，还是生态保护、失独家庭、临终关怀……女人的感受往往更真切，感情更深沉。我记得在有关微搏打拐的一期节目中，一位母亲举着被拐儿子的照片对着摄像镜头说："我不知道我的儿子现在生活在谁的家中，我只想告诉这家人，哪怕你们不会把孩子还给我，请通过某种方式告诉我他现在是否健康快乐。只要你们爱他，我别无他求。"闻之让人心碎。

在主持女性栏目的这些年里，于我个人，是个被滋养的过程。那么丰富的情感和生命，让平日里被包裹的心重新被打开，变得敏感起来。我常常忘记我的提纲、我的逻辑，任凭自己如一叶扁舟随情感的潮水起伏。那种忘掉控制、对等交流的感觉真的很棒。而且我有一支非常靠谱的团队，他们会在我迷失在谈话中的时候，冲我举起白板，上书："请进行下一个话题！"没你们我可怎么办啊！

况且在场上我不是独自奋战，我有我的搭档们！天下女人嘛，当然要反映不同年龄段、不同成长背景、不同性格的女性的不同视角和不同观点。8年来我曾经荣幸地合作过的搭档有：柯蓝、张丹丹、李艾、赵守镇、刘硕、秋微、梁静、喻舟、王一楠、影子、海蓝，那可个个都是人物！除了海蓝博士比我年长，其他的一律是妹妹。

柯蓝倔头倔脑的。因为痛恨高跟鞋，有一段时间她每次录像都穿同一双平底靴子！如果遇上她认为“装”的嘉宾，她就可以做到拉长个脸一言不发，把我撂在那儿没完没了地提问！快把我逼疯了。她总是叫我“班长”，大概是说我从小就是乖乖女、好学生，太“正统”没有棱角的意思。这我可不干，人家在大事上从不含糊！我一叫屈，她立马得逞，嘿嘿地坏笑起来。不过看在她从小得骨髓炎，有着一副脆弱受伤的脊梁，还整天嘻嘻哈哈的，就原谅她吧（下次什么中国脊梁之类的奖可以颁给她，因为说起环保，说起抗日老兵，她那脊梁挺得就更直了）！后来她彻底瞧不上主持人职业，一甩手去做全职演员啦！直到她在冯小刚导演的《一九四二》中出演宋美龄，之前演的角色，一水的女革命党人、女战士、女烈士，一个个正气凛然。这回轮到我对她说：“哟，谁是女班长啊？”

李艾和守镇，一个灵秀，一个热辣，共同特点就是心直口快，掏心窝子。记得有一期节目讲到父爱，李艾说起英年早逝的父亲，他当年曾经拿着她小时候的照片给同事们看，说这个丑丫头就是我闺女！李艾多希望父亲能看到她的今天，能跟同事们指着电视说：“那个主持人就是我女儿！没想到吧，她长大了倒漂亮起来了。哈哈！”说着，大串大串的泪珠从李艾眼中滚落，那份追思与惆怅，让我的眼眶也湿润起来。守镇说起在韩国做出租车司机的父亲，他收入微薄，沉默寡言。他离婚再娶后，看到老婆欺负女儿却无能为力，让守镇委屈很久。当守镇决定到举目无亲的中国闯荡时，所有的人都反对，只有父亲相信女儿的能力，支持女儿的决定，告诉她：“实在不行也不要强撑着，回家来爸爸有饭吃你就有饭吃。”说着，守镇也哽咽起来。看着两人梨花带雨，让我好生心疼！一边递着纸巾，一边搂搂她们的肩膀，无以安慰，却由衷为她们骄傲。大概很少谈话节目有这样真情流露的交流与分享。

秋微和刘硕有着鲜明的个性。秋微是个观察入微多愁善感心有千千结的文艺青年。如果张爱玲回到人间，必然在她身上找到自己当年的影子。她有自己的腔调，比如写作必是要“躲进上海的小楼，焚香净手，听细雨敲打梧桐，然后文思泉涌”的。读她的小说《女少年》，就被那份早熟的敏感所打动。她博闻强记，常常引用些个先哲们的名言，我们只有不住地点头啊！刘硕是个很透明的女子，胆子贼大，但凡是刺激惊险的事，绝对能引起她的兴趣。做旅游节目时就又下海又登山，还在蹦极胜地一猛子跳下去，体会融入蓝天自由飞翔的感觉。我和秋微可没这样的胆色。刘硕又很浪漫，花痴般地恋着张东健。我和秋微常调侃她，不是说要找世界上任何一个人，只需要经过六个人的介绍吗，那就别犹豫，出发去追求真爱啦！她果真就在一个韩国摄制组来采访时，不顾人家明星主持人的尴尬，一个劲儿问："你认识张东健吗？"拜托，妹妹！

有这一群活宝搭档，主持《天下女人》就成了姐妹淘，喜乐会。我必须说明，关于圈内圈外的八卦新闻，我大多是从她们那里听来的。这一点不说明我清高，只能说明妹妹们让我永不落伍！至于来到我们节目的嘉宾，常常会敲开主持人的化妆间，好奇地问："听见你们这屋笑声不断，实在忍不住了，你们到底在聊什么？"哈哈，有些能说，有些还真不能说！

不过，她们还真跟朱冰说了不少内幕。朱冰和我合作过《一问一世界》这本书，结下战斗友谊。她也是一位很有个性的女子，工作之扎实之勤奋，让我深深敬佩。而她不紧不慢的耐心与细致，也让心浮气躁的我自惭形秽。为了写这本书，她几乎调看了《天下女人》的所有节目！许多我已经遗忘的细节，都出现在她笔下，并且连贯起来，显露出背后的逻辑。积极心理学家常用Mindful一词，翻译成中文，应该是自知、内观的意思，很像东方人的修禅。他们认为当我们对自己正在体验的呼吸、感情、思想多一份观察和自觉，我们就更容易安静下来，超脱混乱与痛苦。而有时，这种自我认知却是通过他人的观察与记录丰富起来的。朱冰的不厌其细的采访、记录和整理，帮助我和同事们第一次有了更为完整的梳理。对她，怎一个谢字了得！

我也要感谢《天下女人》节目组历届的制作人、导演、统筹们。这个组以娘子军为主，只要有男编导，必是受宠的！女孩子们个个有一身好功夫，关键是热情、认真！为了做蚁族的选题，她们大冬天在公共汽车站进行街采，直到天黑，最后从几十位候选人中挑出适合上节目的嘉宾。每一次前期采访，她们都认真做功课，提出采访思路和亮点，在我的严厉挑战甚至否定下，推翻重来的事也时常发生。第二天正当我为自己出言太重而懊恼时，一夜没睡的她们捧着刚刚打印出来的新稿子又站在我面前！她们总是很照顾我的身体和情绪，知道我声带容易发炎，就在化妆间备着泡好的胖大海给我喝。姑娘们，谢谢！还有造型师老黑、梅朵和你们的学生们，节目亮丽时尚的气质离不开你们，你们大胆的创意和快乐的情绪，绝对是我们场上场下的正能量。

我还要感谢我的家人。父母、老公、孩子，你们让我从女孩成长为女人，让我有机会体悟一个女人丰富细腻的情感，爱与被爱的幸福！如果我有什么能够与读者朋友分享，必是首先在自己心里有的，你们让我有的。作为一个脾气挺倔、经常出差、从不做饭的女儿、老婆和妈妈，我仰仗你们的宽容和呵护，也希望你们以我为荣。爱你们，是我此生最重要的事。

THE HAPPINESS PROJECT

“魔镜，魔镜，告诉我，世界上最美的女人是哪个？”

皇后每天问同样的问题，并期待着同样的答案。

每一次的问答都助长着她的骄傲，也加剧着她的恐惧。

第一章
CHAPTER 01

打破那面魔镜

人生最没有悬念的事情就是我们都会变老，人生最大的悬念则是我们会如何变老。女人的相貌在岁月中悄然变化，更大的变化在于心态。

“魔镜，魔镜，告诉我，世界上最美的女人是哪个？”皇后每天问同样的问题，并期待着同样的答案。烦不烦啊！每一次的问答都助长着她的骄傲，也加剧着她的恐惧。在内心深处，她一定预感到那个叫白雪公主的小女孩终究会超越自己成为最美丽的女人，但她偏要难为可怜的镜子。一切明明无可避免，她偏偏拒绝接受，只好自取其辱。

人们显然对皇后的痛苦没有多少同情，一代又一代人读着她的故事，嘲笑她的虚荣与无知。即使有魔镜在手，我们大概也不会日复一日地去麻烦它回答这样的问题，谁是最美的女人与我们有什么相干，皇后的烦恼不属于我们。就像某国际机场一张巨幅美女照片旁边分明写着：“这样的容貌 10 万人中才有一个，你何苦跟自己过不去呢？”世界之大，追求最美已经胜算不高，要是再跟时间作对，那真是自讨没趣。

但是这并不妨碍每个女人对美丽着魔般的追求，简直可以用前仆后继、百折不挠来形容。先不论自古她们在这方面不惜花费大量的精力与时间，单就她们愿意为此承受的不适甚至痛苦，包括但不限于束腰、裹脚、穿高跟鞋、忍饥挨饿，直至往自己脸上、身上动刀子，那真是义无反顾、气壮山河！美，催生了巨大的产业，也消耗了大量的生命。

动物学家解释说这是本能的冲动，来自于对繁殖机会的渴望；社会学家说这是因为希望得到关注与好感，从而获得更高收入和地位；佛家当头棒喝说这只是一副臭皮囊，虚妄的幻象，超越轮回的障碍。可我得承认我有点稀罕这皮囊，因为它是我的。我的呼吸，我的奔跑，我的哭泣，我的喜悦……它承载；自然的春夏秋冬，人世的聚散冷暖，它感知；当稚气一点点消退，少女的面庞开始舒展，身材渐渐丰满，当初吻让年轻的面颊染上红晕，当泪水模糊了新娘精致的妆容，当沉静的夜里婴儿满足地依偎在妈妈的胸口，当不经意间眼角出现一条细细的皱纹……我的容颜，我的身体，记录着我的生命和生命中的一切。谁说美只有肌肤那么浅？它贯穿生命，刻骨铭心。女人的美，是一份礼物，也是一种权利；女人的美，是人类的骄傲，是造物主的喜悦。我们美得理直气壮。

不过，魔镜，魔镜，告诉我，谁来定义我的美？我小时候认为大眼睛双眼皮最美，一度因为自己眼睛小而自惭形秽，双眼皮倒是有，可若隐若现，发烧的时候会明显些——可也不能老发烧啊！只好拍照时挑起眉毛，瞪圆眼睛，好像见着了外星人似的，常被我爸笑话：“牛眼睛大，可也安不到人脸上。”没想到眼睛大的女孩也有烦恼，赵薇曾经希望自己“心灵的窗户”尺寸小点也无妨；世界小姐张梓琳告诉我，她做模特时曾经被某大牌时装秀拒绝，因为她的眼睛不是西方人喜欢的眯缝眼，没有东方神秘感，或许他们是想找我这种类型的？

环肥燕瘦，是皇帝们的口味；画眉深浅，是为悦己者容。今天是铺天盖地的商业广告人为地造成女性的普遍焦虑。过去的女人听说西施漂亮，那只是个传说，不构成威胁，可现在西施们就成天在周围出没，还成为老公们的梦中情人——在梦里都不放过我们的男人！这种对美的灌输从娃娃就开始了，比如有了芭比娃娃。知道吗？全球已经卖出了10亿个芭比娃娃！一位在流水线上专门负责给芭比娃娃安装脑袋的年轻女工是这样描述芭比的：“她太瘦了，硬邦邦的，根本没法抱在怀里；她总是一成不变地笑着，好像扮靓和微笑就是她全部的人生；她脑袋里空空的，什么也没有。有个帅哥娃娃（先是有一位西装革履的叫Ken，后来有一位冲浪男孩叫Bryan）跟她配套卖，主要是为她拎包的。女孩们都想长成芭比那样，可是你们怎么知道这就是芭比要过的生活？”

就像芭比有着标准的微笑，有人总结的标准美女脸是“三庭五眼”，即额头、鼻子、鼻尖以下正好把脸分为三等份，而脸庞最宽处正好是眼睛长度的五倍。但有人按这个标准整容，其结果并不让人惊艳；符合那些三围指标甚至乳间距离之类的美女，出现最多的恐怕是在漫画书或电子游戏里。为什么辛迪·克劳馥腮边的那颗痣让我们记住了她？为什么茱莉亚·罗伯茨咧开大嘴笑起来风情万种？为什么安吉丽娜·茱莉脸部硬朗的线条让男人和女人们着迷？为什么张曼玉骨感的身材让人大呼性感？其实比那些刻板标准更重要的是生动，某种“缺陷”恰恰成为个性与魅力所在。与其在僵化的“标准”前自惭形秽，不如大大方方地秀出自己的与众不同。我有我的美！

我怀疑，关于美能带来的奖赏，一直被有意无意地夸大了。有一位年过六旬的妇人，前后经历十余次整容手术，只为恢复16岁的容颜，去找初恋的情人。愿意做多少次整容手术是个人的自由，不过，经历这番磨难的假设却让人存疑：只要恢复16岁的容颜，就能回到16岁吗？那位初恋的情人，如果真找到了，他的惊喜多一些还是惊吓多一些？那些爱的空白与人生的遗憾，是否也能用硅胶来填补呢？当我们否定了自己，别人还会接受我们吗？有时候我们给“美”安排的任务是否太多了？有人认为自己之所以缺少机会是因为相貌不够出众，心理学家发现，当我们遇到挫折和拒绝时，通常首先寻找外部的原因，比如说上级没有眼光，竞争对手用了不光彩的手段……即使当我们审视自身，也往往偏重外在的因素，“不够漂亮”常常在这时成为了替罪羊。我认识一位不断整容的歌手，因为她坚信自己没有大红大紫的原因就是不够漂亮。而如果她肯多花点时间去琢磨音乐，她就会知道其实她的音乐还远远不够好。我们面对魔镜时，从不问“如果我更漂亮，我的问题就将迎刃而解吗”，既然我们不问，魔镜也就沉默着，它以为这样会引发我们更深层的思考。可是它忘了，思考是累人的，反省意味着更艰难的努力。人类喜欢方便的解决方案。现代科技让我们拥有了前所未有的自由去改变自己的容颜，可是我们的内心是否变得更自由了呢？

被称为“法兰西玫瑰”的法国演员苏菲·玛索自14岁初登银幕，出演《初吻》，之后主演了《芳芳》《勇敢的心》《安娜·卡列尼娜》等作品，三十多年以来一直是女性魅力的代表，无数男性的梦中情人。2012年12月，她来《天下女人》做客。有网友提问：“你的美貌是否让你更容易获得爱情？”苏菲回答说：“爱情是一颗心遇到另一颗心，而不是一张脸遇到另一张脸。”我把这句话发到微博上，一天之内超过6万人转发。其实接着她还说了一句：“我们的心会改变我们的脸，而不是脸改变心。”这就是中国人说的相随心生吧。我主持《天下女人》时的搭档秋微说起这么一件事：一天早晨她去咖啡店买咖啡，排队的人不少，有的人看时间来不及就离开了。有一位女士显然也在赶时间，她焦虑不安地来回变换着重心，抖着腿、跺着脚、摇着头，嘴里不断发出啧啧的声音。秋微看到了她的脸，深深的眉间纹和鼻翼两侧的法令线如此之深刻，用秋微的话说，那简直是人脸版的奔驰车标！唉，烦躁不会改变别人的做事节奏，唯一改变的只是自己的长相而已。

人生最没有悬念的事就是我们都会变老，人生最大的悬念则是我们会如何变老。女人的相貌在岁月中悄然地发生变化。我们可以与时间做个交易，换得人生智慧，换得内心的通融。当我们对自己更加了解和接受，对他人更能理解与包容，我们的容貌也随之明朗柔和起来。不用缠着魔镜问这问那，我们也知道什么样的发型服饰让自己看起来更棒。营养、健康条件的改善让同年龄段的女人比历史上任何时代都显得年轻有活力，30 岁的女人们说："30 岁？一切才刚刚开始。" 40 岁的女人们说："40 岁？一切才刚刚开始！" 当 60 岁的 IMF 总裁克里斯蒂娜 · 拉加德冷静面对欧债危机；当 80 岁的模特卡门 · 戴尔 · 奥利菲斯压轴走上 T 台，尽显女王归来的风范；当 90 岁的秦怡雍荣华贵地出现在我们面前——年龄不是她们的障碍，一头华发就是她们的王冠。她们的尊贵气度岂是二八少女可以望其项背？美的时间跨度给女人更多智慧和力量。

跟柯蓝一起主持《天下女人》时，有一天她给我 9 岁的女儿准备了一个礼物——一个奈良美智娃娃：红色的头发，邪恶的笑容。（我以为是巫毒娃娃，被她笑话太土。）柯蓝用同样邪恶的表情对略显惊恐的我说："这是用来抵消芭比娃娃的毒害的！" 回家后我把娃娃交给女儿，她抓过去摆弄了几下，说："这算什么？我可以做个更吓人的！"

无论美艳，还是平淡，每一种美丽都是岁月与自我共同雕刻的结果，但女人总习惯于通过心中的那面“魔镜”拿自己与他人比照，且不论胜负如何，别有意味的是，美丽最终往往被岁月调侃。打破那面魔镜，建立自己的美丽观。

——朱冰

完不了的美

“女人本来就是天使。”2005年1月5日，37岁的杨澜将这句话献给了那些在电视屏幕前的天使们——25岁至38岁的女性。无论对于她们，还是自己，“天使”的比喻都算不上精当，但一个有点自恋色彩的口号彰显的是天下女人心中对“完美”生生不息的追逐。

这句话，也是林琳最想对杨澜表达的。作为一名以美丽为终身事业的漂亮女孩，林琳自大学时代开始，就将杨澜视为心中的完美级偶像，当她终于得到了去杨澜团队就职的机会时，与偶像的初次见面被郑重地写进了日记本：

2004年2月23日：今天，我见到了杨澜！她穿了一件带帽子的棕色皮衣，真人比电视上更瘦，更有气质，她好美！

那天的见面让林琳回味了好一阵子，这个姑娘在心里暗暗发誓，总有一天也要拥有一件带帽子的棕色皮衣。后来，当她终于拥有了一件棕色皮衣后，才发现杨澜拥有的惊艳服饰，远不止一件棕色皮衣，并且这位美丽达人多年来重复穿过的衣服竟不超过五套。有一次，她看到杨澜的一件内搭T恤非常漂亮时尚，就夸了一句，没想到杨澜说，这是我十年前的衣服。十年前的衣服到现在也不会out？这究竟需要怎样的品味和功力啊？慢慢地，林琳发现，在杨澜纷繁的衣物背后，“美丽”其实是一个更为复杂的系统，缺乏眼力和阅历的女性，你是无法触碰到这个系统的核心，甚至边缘的。

女人是天使，天使自然爱美丽，但从爱美丽到变美丽并非一件易事，杨澜也不例外。每个灰姑娘在变身之前，大约都会有一段普通到尘埃里的开始。与70后的林琳不同，60后杨澜的美丽之路可以说是在无知无觉中开始的，小时候，杨澜很少在母亲嘴里听到夸奖自己漂亮的话，顶多被评价为“长得很健康，很结实”。步入青春期之后，她更是架着一副白边眼镜老老实实读书的乖乖女一枚。她的美丽启蒙老师既不是母亲也不是身边的朋友，而是一部电影中的女孩——《庐山恋》的女主角，青春逼人的张瑜。出品于1980年的《庐山恋》是中国“文革”后首部以“爱情”为主题的电影，随着这部电影的放映，上海女孩张瑜扮演的归国华侨周筠的全身行头，让刚刚走出蓝蚂蚁阴影的国人们大开眼界，十多岁的杨澜曾经仔细地数了数周筠的戏服，她从头到尾，竟然换了43套之多！但最吸引杨澜的是她个性的发型：头发松松地烫了，梳成两个辫子放在胸前，上边再系上一对彩色的塑料球，在那样一个女孩子们习惯简单将辫子拢在后脑勺的年代，这真是让人耳目一新的造型！趁着在上海外婆家过暑假，杨澜偷偷跑到上海城隍庙，挤到首饰柜台前硬是买回了一副相似的彩色塑料球。不过，回到北京，到了开学的时候，虽然欢欢喜喜地把它戴上了，但到了校门口，却因为怕太引人注意，赶紧收起来又放进了书包。后来，杨澜颇为庆幸自己这个举动，因为邻班的一位把辫子梳在胸前，还烫了大卷发的“同道中人”被班主任大骂一顿，原因是她梳了一个“流氓头”！二十多年后，当杨澜向自己的美丽启蒙老师张瑜讲起当年这件趣事的时候，张瑜的反馈令杨澜大为意外：当时我根本就是短发，这蓬蓬松松的发辫是织上去的假发！

20 世纪 90 年代，凭借区别于首都其他高校的语言优势北京外国语大学从更多的通道领略了西风东渐的魅力。杨澜宿舍的隔壁住着俄语系、法语系的系花们，初识时尚之味的年轻女孩开始穿着紧身的衣服、烫着头发，并开始自己动手化妆。作为自小在北京外国语大学校园长大的土著，杨澜在大学时代最靠谱的身份是一名可爱的班干部，热爱读书，也热爱集体活动。大学一年级，为了组织好第一场新生舞会，杨澜和女孩们决定自己美化自己一下，一起动手给自己化淡妆。没有化妆品怎么办？这个贡献一支口红，那个贡献一点粉饼，杨澜呢，就跑回家在妈妈的化妆盒里找了一支很古老的大概 20 世纪 60 年代的眉笔，而且是棕红色的。于是，一众女孩们凑在宿舍里一个圆圆的镜子面前，在昏暗的灯光下，使劲儿描啊描啊，直到彼此确认的确是淡妆后，一队女生才非常高傲地走进舞会现场，当场就有男孩被她们惊着了，高呼："赤眉军来了！"这是杨澜对于"第一次化妆"的记忆，也是一名女孩探索"美"、探索自我形象的第一步，虽然有点小笨拙，但哪一种美丽的生成不是从第一次开始起步的呢？

虽然外在的着装不会像系花们那么夸张，但北京女孩杨澜对于美有了自己的主动权，开始思考这样一个问题：怎么样能够穿得跟别人不一样呢？尽管有父母给的每月60块钱生活费，再加上奖学金，也还是不够买成品的衣服，怎么办？彼时的魏公村街头经常会有卖布头的摊子，摊贩们兜售的是来自港台的零布料，除了图案、质地和价格很吸引人，最重要的一点就是可以用当时通用的粮票换购，得益于这种方法，杨澜将精心换购的布头直接拿到裁缝铺，比照着刚刚出现的时装杂志上的款式，很快就拥有了一件个性十足的蝙蝠衫。

当杨澜开始向美主动靠近的时代，也是一个理想主义渐行渐远的时代，但校园里馥郁书香的熏陶给予了杨澜真正的馈赠，那就是对理想的拥戴，对功利的鄙夷，对独立奋斗走向成功的信仰。怀揣着做职业女性的梦想，将戴了多年的白框眼镜换为刚刚出现的隐形眼镜，大学毕业生杨澜走进了美女如云的CCTV《正大综艺》选拔现场。一位男评委在现场抛出一个问题："杨澜同学，你觉得自己漂亮吗？"面对这个表面普通实则尖锐的问题，杨澜没有感到尴尬，她非常镇定地回答道："我不算漂亮，但也不丑，我觉得自己挺有气质的，为什么女孩子一定要漂亮？做主持人一定要有的是自己的见解，不是吗？"闯过一轮轮的试镜，似乎总有一个声音在起作用，那就是“还不够漂亮”，当结论还在路上徘徊，面对主考官最后一个问题“你将如何做节目主持人”时，杨澜回答说：“我认为主持人的首要标准不应是容貌，而是要看他是不是有强烈的与观众沟通的愿望。我希望做这个节目的主持人，因为我特别喜欢旅游。人与大自然相亲的快感是无与伦比的，我要把这些感受讲给我的观众。”现场刹那间陷入无声……当一切尘埃落定，几乎所有的人都在赞美电视屏幕上这个“纯情，有书卷气”的女主持人时，没有人知道，她已然在改写着女主持人之于央视的既定形象，改写着美丽之于女性的既定规则。

从对美无知无觉，到主动追求美，再到个性美，在杨澜审美观的形成道路上，中央电视台的资深化妆师徐晶也是一位重要引领者。在当时那个电视台女主持人几乎清一色短发的环境里，徐晶不仅鼓励杨澜坚持自己的特色，继续保留长发飘飘，而且还把从香港 TVB“偷师”回来的发型和画眉技法送给杨澜，比如把长直发两边编成辫子，比如一反以前用黑色眉笔画细柳叶眉的方式，用棕色的笔画上自然时髦的粗眉。做节目穿什么衣服好，这对于刚刚入行的女大学生杨澜来说也是个问题，《正大综艺》时代，中央台还没有服装赞助的先例，好在身边的导演、编导们都把自己最漂亮的衣服借给杨澜穿，那些日子，杨澜成了穿“百家衣”的小女孩。

个性的妆容只是表面，从穿百家衣到自己动手设计出场服，杨澜式的美丽观开始萌芽、拔节。1992 年，杨澜作为中央电视台春节联欢晚会的主持人惊艳亮相，人们发现她并没有穿舞台感十足、装饰满金丝银线的蓬蓬裙，而是穿着一身淡绿色、两边翻开白色衣领的双排扣收腰长西装，既干练又帅气。人们立刻记住了这个“不走寻常路”的姑娘并掀起了一股模仿的风潮。这是杨澜为自己设计的出场服，也是她为自己量身打造的定位：我有我的美。这个原则，杨澜一直秉承至今。

A woman cannot be too rich or too thin——这句可恨的英文谚语道尽了美之于女性的秘密。2004 年底，一位名叫杨媛的女孩凭借美丽的外表顺利进入“2004 环球洲际小姐”北京赛区的决赛，却因为曝出是人造美女而被取消参赛资格。当杨澜问她：“介意告诉我们你都整了哪些部位吗？”杨媛非常诚实地回答：“隆鼻、切唇、下巴去骨、牙齿……11 项手术一次性完成。”这期节目名为《美丽走遍天下》，杨澜和四位嘉宾围绕一个核心话题展开讨论——拉双眼皮与裹小脚有什么区别？14 岁开始做职业模特的杨媛坦言，自己全面整容，是为了在圈中不再因为“不漂亮”而受到歧视，对于所付出的巨大代价，她表示一切是自己的选择，自己愿意承受。同样是对身体的改变，对于裹小脚的行为，杨媛则认为“是传统时代对女人的残害”。

“为什么要把美的要求和标准只赋予女性呢？”全国妇联妇女研究所副所长刘伯红的观点将讨论引向了权力与性别的区域，也彰显了她女性主义者的底色。无论美丽是否具有地域性，也不论对美的渴求乃至苛求是否是女性的天性，那些拿美貌说事的一切勾当是最易惹恼女性主义者们的社会事件。无论姑娘们是不是自愿展开美的比赛，女权主义者们不仅会在选美会场外抗议，还会给一只绵羊戴上后冠，加剧嘲弄。一位女权主义者厌烦地评论道："女人生命中的每一天都是一场活生生的选美比赛"。这些具有先锋色彩的行为和话语诞生于20世纪60年代末期的美国大西洋城，被玛格丽特·沃特斯生动记录于她的著作《女权主义简史》中。虽然距今已有数十年的历史，但女权主义者的评点仍是当下商业中国奋斗于职场和情场上的女性们的生动写实。

当今社会中，女人们和自己的身体作斗争已成了一种习惯，这种斗争在美的意识初步萌发之时最为激烈，比如二十多岁的女孩，她们一直是对自己"最狠"的一帮人。消费主义横行的当下社会，充满心机的广告商为每个女孩描摹出最开放最多元的美丽可能，仿佛每个人都有成为封面女郎的机会，这种引导反而让太多女孩失去了真正的方向。一位著名的内衣模特曾这样说：你们只看到我在舞台上黄金比例的身条，却没有看到我在卫生间里抠着嗓子呕吐的尴尬和绝望。

杨澜曾在节目中用"收放自如"来形容演艺圈中能够控制身材的金童玉女们，却引来嘉宾们的大吐苦水——保持身材绝不可能"收放自如"，相反这绝对是一件需要"大动干戈"的苦事。20世纪80年代出道的女歌手朱桦这样描述自己瘦到"满意"的过程：为了控制食欲，坚持带了三年牙套，吃了整整三年的流食，最好的"改善"就是麻婆豆腐配上寡淡的粥。上台演出必须真唱，牙套把里面的嘴唇都磨破了，却仍然发不出正确的声音，于是下场之后对着镜子大哭不止。每天都是饥肠辘辘的状态，有时饿到伸出手去与别人握手都会哆哆嗦嗦，一切只为了一个目标：打败电视这个会把女人扩胖三倍的怪兽。而出演过电视剧《香樟树》的女演员刘琳的减肥方法更是夸张，自从被自己第一次出现在荧幕上的胖脸“吓了一跳”之后，她开始疯狂地寻求改变自己的方法：比如在夏天的下午两点钟，围着操场跑二十多圈，并坚持了两个月；剥夺自己晚上睡觉的权利，用通宵熬夜的方式逼自己“形销骨立”；拼命去喝各种烈性酒，想让自己的胃不再拥有正常的消化功能。

在通向美丽和性感的征途上，女性是愉悦自己，还是讨好男性，女性主义者和爱美的女人们各有论调。在众人的喧嚣中，20 世纪 80 年代，美国性学专家海蒂隆重推出自己的大型性学研究报告——《女人篇》和《男人篇》，在世界范围内引起广泛关注，它带来的是一份和解——颠覆传统社会对女性与男性的成见以及弗洛伊德关于性、女性、人性的观念，让女人们真正了解自己的身体与情感。2005 年 11 月，海蒂来到中国，展开了与中国读者面对面的对话活动，名为“来自海蒂的关怀与感动”。当中国记者抛出“你为中国女性带来的是玫瑰还是炸弹”这个问题时，海蒂并没有强调自己的女性主义者身份，而是平和地说自己希望带给中国女性一份礼物，帮助女性与男性建立良好的关系，这对整个社会乃至人类都是有所帮助的。受杨澜的邀请，海蒂与中国知名社会学家李银河共同探讨“女人如何了解自己”。在发言中，海蒂认为很少有人去真正关注女性的身体，包括女性自身。女人对自己的了解，远比让自己变美更重要。当杨澜问到海蒂写作《性学报告》，她母亲的态度是什么，海蒂则给予了风趣而意味深长的回答：我的妈妈说耶稣也是一位女权主义者。

无论是面对女权主义者的道，还是面对女明星们的术，杨澜试图从社会、历史，到女性成长本身渐渐汇聚到对美的关照：美丽的标准是多重的，不一定要去追赶潮流，更不能盲目。我们都拥有对自己身体的权力，都有追求美的权力，不过在追求之前，请你想清楚，这个决定真的是我自己要做的吗?

所谓完美，也许是上帝和女人开的玩笑，完不了的美即完美。美，或者完美，一切来自于每位生命个体的心灵宇宙，面前有无那么一面镜子，真的毫无意义。因为美，定义在她与她们自己的心里。

* * *

你什么时候最美？

你什么时候最美？

杨澜曾经多次将这个问题抛给女人们。当演员陈冲接过这个问题时，她眯着眼睛想了一会儿。作为演员，她美的时候太多了：《小花》里的纯真，《末代皇帝》里的娇柔，奥斯卡颁奖礼上的华贵，守着两个女儿的满足……但她似乎还没找到。最后，她给出的是这样的答案：可能是那么一个时刻。那是我上大学的时候，有一次坐公共汽车回家去看妈妈。我拉着吊杆心里有点急切，不经意之间在车窗里看到了自己的脸。那时候，嗯，觉得自己原来还是挺好看的。

那一刻，陈冲看到的是自己的本色，一种没有修饰，却让一切都有可能的本色，一种不自知的本色。杨澜同样用这个问题检验过诸多女性心中对于美的定义，有人说是第一次穿上妈妈缝制的礼服，有人说是第一次听到腹中胎儿的心跳，还有人说是男朋友第一次深情地注视自己……可妈妈缝制的礼服往往既不是最高档又不是最时尚，而孕妇往往连妆都不化还会增重几十斤，当男友第一次深情注视的时候，你可能还在嘟着一张油乎乎的嘴，傻傻地咀嚼着刚刚进嘴的煎饼果子……

原来我们最美的时刻与平日里费尽心力掏尽钱包所做的种种有关“美”的努力没有直接的关系！那些努力可以成就我们的肤色、身材、品位，却总是在接近终极美丽的一刻，如强弩之末般地无声坠落，离靶心只有1毫米。你的身体，你的美，很多时候都不是你表面上看到的那个样子。美丽的极致比我们平常想象的那一层还要再深一点，它可能发生在忘却自己之时。因为那一刻的你不必取悦任何人，却因为自己的开心与绽放达到了极致的自然；那一刻你也是最独特的，因为没有任何人可以与你相比较。这是摆脱了任何高矮胖瘦的尺度，而发自生命本源的炫目光环。

杨澜说：“如果你把同样的问题摆到我面前，我可能会告诉你这样一个场景。2000年的8月8日，香港阳光卫视开播的当天，我带着七个月的身孕站在庆典酒会的门口，欢迎前来祝贺的数百位嘉宾和朋友。记得那天我穿了一件粉红色的中式上装，上面有半透明的梅花形珠绣，配着St.John的同色长裙。衣服是松腰身的，既合体又舒适。不夸张地说，我感到自己时时沐浴在幸福中：媒体理想的实现，挚友亲朋的厚爱，更重要的还有牵着手的老公和即将出生的孩子。那天几乎所有的人都对我说：‘你是我看到的最美的孕妇。’我也毫不谦虚将这些赞美照单全收。不论那以后的道路是多么艰难，我曾经拥有了这样的时刻，已经很知足了。我认为那是我迄今为止最美的一天。而那天，我甚至连照镜子的时间都没有。”这是杨澜眼中自己最美的时刻。自我、放松、快乐、满足。当她走过又一个五年，增长的不只是年龄，还有更加地自我、放松、快乐、满足，就在不断行进，不断调适的过程中，杨澜找到了女性最美的成长状态。

2005 年，由杨澜主持的女性谈话节目《天下女人》正式亮相。这档节目有着一句统一的开场白——天下女人，我们在一起。轻松随意，又有一点欲说还休。不同于任何国家大仪式的典雅与隆重，不同于《杨澜访谈录》的理性与高端，37 岁的杨澜这一次的出场姿态别具意味。解读个中意味是美妙的，在一个和女性的共谋愈加紧密的时代背景下，杨澜的选择都隐含着被时代选择的幸运与巧合。

这个五年，中国愈加融入世界，伴随着从商业经济到文化艺术的发展，女性的生存与生活有了更加精彩的格局。杨澜的个人成长更是经历了不平常的故事：从年轻的妻子到拥有一双儿女的母亲，从一个小小的工作室负责人到大型媒体公司的掌门人，同时主持着在海内外享有高度影响力的《杨澜访谈录》，角色在增加，阅历在丰富，作为媒体人，唯有腔调永不变，那就是杨澜式的个体化表达。

2004 年，杨澜的身份从媒体经营者回归到内容提供商。就在这一年，杨澜和老公吴征一同到新加坡参加一个国际论坛，会议间隙，他们聊起下一步的节目生产与制作，两个人经年累积的默契再次彰显，他们不约而同地达成了共识：制作一档女性节目。对此时的杨澜而言，这个选项颇有一种形疲心乏之后暗自小憩一阵的冲动。目睹了杨澜多年为理想而付出的辛苦打拼，吴征更多地从体恤妻子的角度给出了理由：相比新闻节目，女性节目受到的限制不会那么多，相对空间大一点，这样就会比较轻松一些。在节目里，讨论女人的喜悦、女人的烦恼、女人的渴望、女人的困扰，与观众一起发现当代都市中的天下女人。

首期节目《我们欣赏的男人》甫一开场，就将“严肃”和“主流”甩在了脑后。当演播室里灯光亮起的时候，人们看到了杨澜和男搭档杨立新先是在观众面前来了一段恰恰，然后用幽默的开场白和观众 say hi——

杨澜：我是杨澜，这个天下是女人的，当然也是男人的。

杨立新：由我为男性争得半边天吧（笑）。

一亮相就打出性别牌，非但没有女权主义的极端，而且试图让男人与女人亲密共处。来做客的男人和女人都很打眼：名门痞女洪晃、地产商人潘石屹、人艺名角濮存昕……在杨澜的挑逗和激励下，一众人玩起了关于男人与女人的“真心话，大冒险”。在女人眼中，什么样的男人最美？洪晃的答案一听就很有故事：曾经帅字当头，如今是幽默为主；在男人眼中，什么样的女人最美？濮存昕的答案一听就很有历史，而且分为一二三点：貌美，有修养，性感。无论是阅尽千帆，还是恪守传统，“外在美”永远是女人和男人彼此欣赏的不二标准，成为他人眼中的“最美”是每个人内心最为隐秘的冲动。

男人们和女人们谈得很尽兴，杨澜的总结却保持了克制：今天女人们谈论的是我们欣赏的男人，其实男人和女人应该互相地欣赏，哪怕只有一个优点，都值得我们去欣赏。何谓美？何谓男人和女人心中的最美？杨澜在发言中无意给出答案，在她看来，这个问题并没有标准答案。所谓答案，其实就存在于每个人心中。聆听他人，分享彼此，做回自己，是杨澜在节目中最为舒服的姿态。

了解自己，唤醒虚妄的美丽想象，才是真正地宠爱自己。美国作家吉宁·罗斯自青少年时起，就陷入了减肥和反弹的恶性循环，体重增增减减，伴随着羞愧和自我厌恶的情绪反反复复折磨着这个本应快乐的姑娘。忍无可忍之后她终于发现，对美的过分苛求所导致的内心不满和不安才是痛苦的源泉。

当她抛弃旧有的观念，学着信任和欣赏自己的身体时，一切都发生了变化：她的身体全方位地美丽起来，内心也变得丰盈而快乐。罗斯发自肺腑地道出这样一番话：节食减肥为什么那么受欢迎？因为你始终认定，通过节食，你将会拥有一个与现在截然不同的身体，而且，当你拥有那个身体之后，就能够拥有截然不同的人生。你甚至以为，如果恨自己到了一定的程度，你就会转而爱自己。你试图让自己相信，如果你折磨自己到了一定的程度，就会变成一个内心宁静、状态放松的人。但，这怎么可能！

追求美的终极目标是追求自信和自我愉悦，如果在过程中自我厌恶，被活生生的痛苦日日折磨，这将是最为本末倒置的可悲错误。当吉宁·罗斯把自己的所有收获写成《女人的觉醒》一书之后，作为读者之一的美国脱口秀女王奥普拉发誓终生不再减肥！选择怎样对待你的身体，便是选择怎么活着；超越食物和情绪，你才能见证生命内在的光辉和灿烂。也许没有人想过这样一件以美为支点撬动地球的事：改变你与身体的关系，改变你与美的关系，就可以改变你与世界的关系！

1990年，美国第三代女权主义作家娜奥米·沃尔夫也在《美貌神话》一书中探讨了困扰着许多当代女性的生理上的自我厌恶和对年龄增长的恐惧。焦虑和恐惧来自无法对美永久把控，要拥有美，就要打破一种关于美貌的神话。

对此，诸位女嘉宾也有各自的心得：同样对美举重若轻的“万人迷”陈好用“新宠爱主义”来回应杨澜，她不再把宠爱当作别人的给予，或者对别人的索取，而是寄望于自己。没有了依赖本身带来的审美权易主，也就没有了依

一脸青涩的少女杨澜，小眼睛，大镜框，朴素无华，是个标准的“好孩子”。直到25岁，她才觉醒迟到的青春，开始“逆生长”，一种破茧的感觉让她终于找回了自己。

在伦敦艾尔伯特音乐厅“跨越巅峰”音乐会上，杨澜与宋祖英、郎朗和安德烈·波切利三位音乐巨星共同成就了一场伦敦奥运前夕最引人瞩目的音乐盛事。

在2011年的幸福晚宴上，许多女嘉宾携另一半晒幸福，杨澜也不例外。毕竟，女人的幸福，缺不了男人的参与。你是否也找到那个让你更幸福的另一半了呢？

赖崩溃导致的尴尬不安。另一位嘉宾——台湾资深美女归亚蕾以水的姿态应对年龄，应对时间。永不纠结于烦恼，只是顺应它、围绕它、包含它，不会非要在50岁的时候挣扎着扮出20岁的样子。不和时间较劲的结果就是：时间也不和你较劲。《20 30 40——成长故事》中，李斯羽、闾丘露薇和马兰三位处于不同年龄阶段的女人结合生活和职业，阐述了风格各异的美丽，不论是青春靓丽，抑或成熟优雅，女人们真的很幸运，可以有珍贵的机会体验女孩、妻子、情人、母亲的各种美好，即使年华老去，美丽却可以常青，因为在成长的旅程中，站在下一个高峰，你会看到更多意外精彩的风景。

杨澜说："岁月在每个阶段都会给予女人美的馈赠。上天其实对我们每一个人都非常公平，它让我们免费得到了三件礼物，那就是生命、信仰和目标。"美丽和体重无关，美丽和年龄无关，它只和我们的内心有关。当杨澜在《20 30 40——成长故事》的结尾说出这段话的时候，作为现场导演的林琳禁不住有落泪的冲动，为自己在这个节目中的成长，为偶像给自己带来的思想营养，她将这段话再一次记在了自己的日记中，也永远地记在了自己心里，就在这一刻，她看到了未来最美的自己。

张曼玉曾这样谈女人的年纪："亚洲人才比较介意老这个事情。我小时候在英国长大，然后在巴黎生活了十年，那里的人没有这种观念。为什么非要年轻、没有皱纹才是美呢？人不是一定要美，美不是一切，它很浪费人生，美要加上滋味，加上开心，加上别的东西，才是人生的美满。”

“Mirror, mirror upon the wall, who is the fairest of all?”（魔镜，魔镜，告诉我，世界上最美的女人是哪个？）这个问题貌似具有强大的生命力，从18世纪初期德国童话集一直回荡于2012年美国相对论传媒公司奇幻大片《白雪公主之魔镜魔镜》中。它的邪恶在于将所有的女人都变成痛苦的皇后，让她们看不到自己独一无二的美。1986年，德国洛尔的历史学家巴特尔思（Dr. Karlheinz Bartels）将《白雪公主》童话的许多现实原型令人信服地与洛尔及周边区域联系起来，在昔日的洛尔城堡、今日的斯佩萨特博物馆中，人们可以看到一面高达1.6米的装饰绚烂的镜子，它就是传说中的“会说话的魔镜”。

有据可查，它是闻名欧洲的美因茨选帝侯国镜子制造厂生产的产品，这座工厂由选帝侯洛塔尔·弗兰茨·冯·舍恩伯尔恩于1698年建造，是他送给第二任妻子克劳迪娅的礼物，同许多洛尔出产的镜子一样，这面镜子以其镌刻的箴言而具备了“说话”的能力。镜子右上角清晰指示着“自爱”（Amour Propre）。（来自维基百科：美茵河畔洛尔城的白雪公主）

无论在历史深处是否存在那面真实的魔镜，人们对于美的虚妄追逐永远活色生香地上演。追逐美当然无罪，但不要被美绑架。男人不要成为女人的魔镜，女人也不能成为男人的魔镜，男人和女人更没有必要在心中设置隐秘的魔镜来折磨自己。杨澜的节目就好像镜子右上角的那两个字，以善意的调侃提醒人们：即使所有的美色在镜子中消失，还好，有个人依然对我们不离不弃，那个人，就是自己。

打破那面魔镜，爱自己，才能彼此爱。

正如让魔镜消失，是打破魔镜最优雅的方式，只有了解自己、了解美，才能在两个通道的穿梭中完成一个女性内在与外在的更新与提升，引领自己走出童话城堡的暗黑，走向真实自我的明媚。

* * *

演播室里没少谈过两性话题，从剩女到相亲，从恋爱到婚礼。

我觉得，评价一种关系的品质，要看关系中的两个人是否因为在一起而成为更好的自己。

美好的关系应该是相互滋养相互成全的。

第二章

CHAPTER 02

值得拥有你的爱

有什么样的女人，就吸引什么样的男人。这世界没有人有义务保证你幸福，除非你自己创造并给予幸福。我相信世界上有各种能量场，快乐、平静的女人能量高，就会吸引到好男人向她靠拢；哀伤、慌乱的女人能量低，好男人就会下意识地躲避。

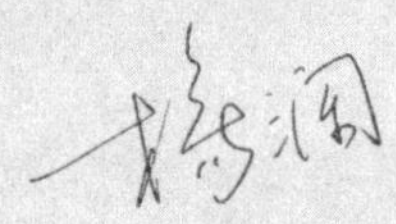

女人是感性动物。只要说起感情的事，我们的兴趣就来了。《天下女人》的演播室里没少谈过两性话题，从剩女到相亲，从恋爱到婚礼。我觉得，评价一种关系的品质，要看关系中的两个人是否因为在一起而成为更好的自己。美好的关系应该是相互滋养相互成全的。有一次我跟冯小刚和刘震云聊天，问他们为什么能合作20年，从《一地鸡毛》《手机》到《一九四二》，是不是因为相互欣赏。刘震云回答说："比相互看的眼光更重要的，是面向未来的眼光能不能落在一处。"用这句话形容夫妻关系是不是也很合适？

德国音乐人老锣向龚琳娜求婚时说："我没有钱，但是我很富有，因为我有自由。"对于一名文艺女青年，没有比这句话更能打动芳心的了。但同样是老锣，跟未来的丈母娘说话却不太着调。当龚琳娜的妈妈把女儿在各种晚会上身着华服对着口型演唱的录像放给他看时，他的评论居然是："恶心。实在太恶心了。她连真的声音都没有！”那时的龚琳娜很苦闷，她不愿假唱，但她还没有找到自己的特色。她需要的不是一首能唱红的歌，而是一条路，一条适合自己的艺术之路。就像后来老锣为她写的一首歌《你在哪里》的唱词：“哎哎你在哪里？哎哎我看不到你，哎哎我找不到你，我在跑，我在跑，一直跑，跑得找不到。哎哎，我在哪里，我找不到我，我看不到我，我的心，哎哎”，那份苦闷与彷徨，尽在其中。2002 年，她遇上老锣，两人一起开始摸索中国新艺术歌曲之路。他们一起玩音乐的时候可以一唱就是三个多小时。不为迎合什么旋律，不必迎合什么口味，音乐再次成为发自内心的歌唱。龚琳娜说她的心灵打开了，全身经脉通畅。她去贵州采风，听少男少女约会的情歌，听奶奶们围在火炉边的老歌，真觉得音乐是如此美妙，过去怎么就没有发现呢？他们结婚，住在美丽的巴伐利亚森林边，养育两个儿子，虽然穷却有无穷快乐。于是有了被称为神曲的《忐忑》，虽然让人一个字也听不懂，却有一种神奇的吸引力，因为歌曲中每一种熟悉又陌生的情绪，都那么真。龚琳娜与老锣的爱情，让两个人都找到了属于自己的声音。

守镇是位韩国大美女，她热情泼辣，有啥说啥，第一眼看上美国人尼克后，就主动约他出去吃饭。她的英文不是很好，所以两个人谈恋爱、吵架都是用中文，这使得他们不太吵得起来。想想也好，我们平时夫妻吵架多少次是因为嘴太快而不是嘴太慢。我甚至认为我们常常是因为对方的用词而大动肝火，争执的内容反而不重要了！他们的婚恋简直是一部活的戏剧。尼克是在《天下女人》

录制现场向守镇求婚的。守镇大喜过望，但落下眼泪的是李艾。女人就是这样，动不动就把自己搁进去了！有一次我出席一朋友的婚礼，台上新娘哭得梨花带雨，我坐在台下也泪光涟涟，搞得吴征大惑不解：“你哭个什么劲儿啊？”女人啊，是被自己的爱感动了。守镇结婚的时候请我做证婚人。这还是我第一次担当此任，忍不住问：“证婚人不是都年纪很大吗？”“哦，我和尼克都觉得你年龄够大了！”守镇的回答嘎嘣脆。哇，太伤自尊心了！不过，证婚时我才真正体会到仪式的力量，特别是那句“不论贫穷还是富有，不论健康还是病痛，你都爱他，尊重他，照顾他，直到死亡把你们分开？”虽然见过太多劳燕分飞，但看到新人眼中全副的相信，还是会感动得鼻子酸酸的。那天，就在婚礼上，尼克的弟弟致辞时说：“婚姻就是一次又一次坠入爱河，只是跟同一个人。”归根到底，婚姻是关于爱与承诺。这样的承诺，每次用不同的语言、眼神和行动表现出来，谁会嫌多呢？

在胡可讲述与沙溢的浪漫婚礼时，一位现场男观众受到情绪的感染，临时起意，站起来向同在现场的女友求婚：“我们相爱已经六年，我保证有福你享，有难我当！你愿意做我的老婆吗？”这位女友也站了起来，激动地说：“我愿意嫁给你，但有一个条件，那就是有福同享，有难同当！”这段表白让我深受感动。2011 年我和吴征出席路金波与赵子琪的婚礼，新娘的誓词同样出人意表：“记住你永远是自由的，如果有一天你不爱我了，可以随时离开。”今天的女人，可以在经济上自立，就可以用更纯粹的态度谈情说爱；可以慷慨地给予爱，就不再是用锁链捆住男人的爱的乞丐。

女孩子们总问：“怎么才能找到好男人？”海蓝说：“好男人不是遇上的，是爱出来的。”我补充一句，“有什么样的女人，就吸引什么样的男人。”这世界没有人有义务保证你幸福，除非你自己创造并给予幸福。我相信世界上有各种能量场，快乐、平静的女人能量高，就会吸引到好男人向她靠拢；哀伤、慌乱的女人能量低，好男人就会下意识地躲避。有趣的是人们常以为愤怒代表着很大的能量，但其实爱的能量远远大于它！那么幸福是否也像一棵树，因为枝繁叶茂，自然吸引纳凉的人们？

说到树，我想起舒婷的诗《致橡树》，在我的学生时代那首诗就是爱情的意象：并肩站立共担风雨，相互欣赏却不攀附。后来，在台湾的阿里山，在英国的利兹庄园，我都见到了被称为爱情树的奇观：两棵独立的树渐渐靠拢，直到树干与树干相交，最终竟长到一处，撑起同一片树荫。这在自然界中并不多见，如同真正能够相爱到合二为一的婚姻让人羡慕但毕竟是少数。对于更多的人，亲密关系五花八门：有相缠的，有相伴的，有寄生的，有竞争的。其实，承认各自的独立，尊重彼此的不同，找到适合双方的存在方式，可能好过以爱的名义控制和改变对方的企图。

如果把夫妻比作两棵树，张欣和潘石屹绝对不是同一树种。一个是15岁留学英国，毕业后加入知名投行的海归；一个是来自甘肃天水，白手起家的土鳖。他们第一次在香港见面时是1994年，当时潘石屹穿着紫色西装打着大花领带，当张欣建议他可以选择休闲麻布服装时，他不屑一顾地说，麻布衣服，那是最穷的农民穿的衣服，太不高档了！潘石屹有关衣服的品味虽然落后，看人的眼光倒还不错。才认识了一个星期，老潘就对张欣说："你也单身吧？那咱俩可以结婚。"他们真的很快结婚了，张欣也告别了她熟悉的海外生活，住到北京来与中国接轨了。这两根轨的尺寸差别真是有点大，在他们的记忆中，头几年是没完没了的观念冲突，芝麻大的事也从办公室吵到家里，几乎想分手了。张欣说她当时独自一人去英国旅行，一路上伤感自己连根拔起，又无法在新的土地上扎根，好像走进了死胡同。有一天在从郊区到伦敦的火车上，张欣给潘石屹打了一个电话说，与其执拗于谁的方法更好，不如自己申请下岗，放手让潘石屹先按他的方式管理公司。后来事实证明张欣的退一步真的带来了海阔天空，公司发展了，孩子也生了，他穿他的布底鞋，她做她的西餐，国内的市场环境进步了，经营理念上自然更容易沟通了。后来有了获得威尼斯双年展的"长城脚下的公社"，也有了北京的新地标，由 Zaha Hadid 设计的银河 SOHO。而两人在宗教信仰上的认同更成为强有力的精神纽带，足以抵御外界的风雨。回首往事，张欣还是更感恩那段最困难的日子，她在 2012 年 11 月的一篇微博里说："每一次的考验都让我们的婚姻更稳固，让我们更珍惜这个家。"而潘石屹也写道："在我摔倒的时候，张欣总是把我扶起。在我一生中有两个人对我的影响很大，我的母亲和妻子。"或许，就像他们的好友洪晃所说，虽然两个人外表上存在巨大的差异，但骨子里是两个有激情改变世界的青年共同的愿景。也许平凡夫妻可望又可及的婚姻，不是展现在众人面前的并蒂树，而是两棵本来独立的树，它们在地下的根已经悄悄地长在一处。

情海风云变幻，谁敢保证永远？董洁与潘粤明2010年来到节目时是如胶似漆的一对儿！她骄傲地回顾自己操办婚礼的点点滴滴，他动情地述说遭遇车祸后妻子在病床前整夜守候。两年之后，两人离婚并公开相互指责。金童玉女的分手已让人惋惜，反目成仇更让人伤感。一段感情有自己的生命周期，如何分手比如何开始更能影响它的品质。无论如何，请相信曾经的真诚与美好，相信这或许就是最好的安排，感谢那个人给予的陪伴和一同走过的那段路程。

姚晨来《天下女人》做客时还与凌潇肃在一起。她提到上大学时老师曾排过一个作业叫“人生四季”。她当时觉得这个题目好矫情，不过后来真的体会到每一段关系都有春夏秋冬，要紧的是，不要拿自己家的冬天跟别人的春天比。一语成谶，这对相爱七年一毕业就结婚的神仙眷侣，后来劳燕分飞。在引起网络围观时，姚晨的经纪人发微博说“这是私事，大家散了吧！”倒有四两拨千斤的巧妙，让当事人有机会抽离一下。2012年11月看到姚晨在新西兰再披婚纱的照片，为她祝福，春天有时就在不远的拐角处。

有些奋不顾身的女人，却在爱情中常常伤痕累累。郝蕾是我非常欣赏的女演员，在电影里，在舞台上，她就是那种无畏地把自己完全交出去的演员，我看到的不是身体的尺度，而是情感的赤裸与热烈，好像她的每一个毛孔都是张开的。我坐在观众席里忍不住想：“这样的女孩子明亮得就像一团火，很容易灼伤自己，也容易把对方吓坏。”在节目里她还是带着这股生猛的劲儿：“为爱我可以很疯狂，可以一个人在海边听着陶喆的《沙滩》待上四天，只为决定是否要选择爱一个人；又可以在关系即将结束时在海边再待上四天，希望大海给我力量和讯息。”一个连开始和结束都这么讲究感觉的女孩，是一个生活在童话里的女孩。当她遇到不纯粹、遇到背叛、遇到不理解，就会视之为世界末日。她痛哭，她不眠，她愤怒，她不能接受！如果遇到一个恶意刷屏谩骂她的网民，她就冲出去与之对骂，全然不顾所谓的公众形象，那一刻她已经中了圈套。她在痛苦中保持着一种骄傲，记得在话剧《柔软》中她的一段独白：“他们视我为异类，只是因为我不耻、不屑于掩饰我的轻蔑。”但她的心一定还是非常柔软的，如另一段台词：“在我们的一生中，遇到爱遇到性都不稀罕，稀罕的是遇到了解。”我祝福郝蕾找到真正懂她珍惜她的男人。其实如果在一定的距离之外，理解她一点也不难。我去参观她作为模特在印度拍摄的摄影展，在那些作品里，她剃去一头青丝，着一袭袈裟，时而在丛林中出神，时而在船头凝思，平静而淡然，仿佛悟出了一些什么。“也许我的前生是个花花公子，那些女人此生变成男人来报复我？也许这就是轮回因果？”她自言自语道。我引用苏格拉底的一句话说：“如果你娶了一个好女人，你就会是一个快乐的男人；如果你娶了一个糟糕的女人，你就会成为哲学家。”听罢，郝蕾大笑，说：“看来我真的要非常感谢陪我一起爱过的这些‘老师’们，让我快成哲学家了。”

我们有时那么忘我地投入爱情，只要能赢得对方的欢心，甚至不惜放弃自己。颜丙燕因主演《爱情的牙齿》获金鸡奖。谈起自己的初恋，她说就是那种死心塌地的爱，可以为他改变一切：他喜欢什么颜色，就穿什么颜色，他喜欢吃什么东西，就去学着做给他吃。直到有一天一个女孩来找她，说这个男人已经跟自己好了，请她退出。如果放在今天，她可能会聪明地回应："哦，对不起，他太淘气了，不好意思啊！"但在当时，方寸都乱了，她就跑去跟男人说要分手。但他不同意分手，还打了她。为此她很长时间都不能原谅他。就在两三年前，突然听说这个人年纪轻轻地没了，因为洗澡时漏电。那一瞬间，她感到一阵疼痛。其实回想起来，当年的我们都不真正懂得爱，要么失去自己，要么狼狈地分手。所以当剧组里的一位年轻男演员向颜丙燕哭诉失恋的痛苦，她的回答是："我帮不了你什么，只能跟你说，好好享受你现在的痛苦吧，因为再过一些年，你离开谁或者谁离开你，都不会这么痛了。"痛让我们成长。

记得史铁生写过一篇文章，大意是人们都说天堂里没有苦痛；但如果没有苦痛，你又怎样感受幸福？蒋雯丽讲过一番话，意思是说，如果有人赐给你幸福，却剥夺了你寻找和创造幸福的过程，这样的幸福是否足够好？

2012 年夏天，我在北戴河采访作家王蒙先生。他的妻子年初去世了。他们从十几岁初恋开始，一生相伴，经历政治运动的起起落落，揭发批判、担惊受怕，又经历了在新疆 16 年的自我放逐，完全做起了牧民。妻子说她这辈子过得很值，该吃的苦都吃了，该享受的爱都享受了。王蒙拉着她衰老的手，感叹到:“我们老了，你怎么证明曾经年轻过、漂亮过?怎么证明有过真实的人生?”她风轻云淡地回答一句:“不是有你吗?你就是我的见证。”

王蒙夫妇的爱情绝唱让人仰慕，而我们需要做的是过好自己的日子。今年我和吴征结婚17年。婚礼纪念日当天我们正好在纽约。那天下午我们在当年举行婚礼的广场酒店喝咖啡，回忆起共同走过的路，那些最难的日子、那些痛苦的争吵反而有了一种甜蜜感，就像咖啡苦苦的味道留下的余香。回到北京后吴征发了个微博，引来一众网友告诫我们要戒骄戒躁，特别是别去上长江商学院！人们不是说三年之痒、七年之痒吗?我们倒觉得婚姻在什么时候都可能发“痒”。痒也不要紧，及时挠挠就好了。我们曾在结婚纪念日请了一群好朋友聚餐，临别送给每位朋友的礼物是一只手工制作的“不求人”，也叫“痒痒挠”。没人能替感情打包票，不过，这也带来一种探险的乐趣，就像读一本小说，悬念在最后揭开。如果有谁要预告结局，最好让他先闭嘴。嘘！不要败坏了我们的兴趣。

正如波伏娃在《第二性》中所言，那些不承认自己柔弱的女人，往往更无法摆脱自己的女性意识。生为“第二性”，无论我们主动示弱，还是享受柔弱，甚至承认“二”是天性，几番折腾之后，女人们想要的理想效果就是让爱伴随男人与女人的成长而成长，实现身体与精神的双重匹配。

——朱冰

共谋与递补

“有人说，要想真正了解一个人，就必须观察他的眼睛。我虽然不懂面相，却很相信‘眼睛是心灵的窗户’。我讨厌混混沌沌的眼神，也看不惯闪闪烁烁的目光；深不可测的目光让我顾忌，呆板无神的眼光让我可怜，装腔作势的眼光嘛，让我起腻。面对他的眼光时——我心中不禁一动。说出来别人也许不信，从那一刻起，我对这个陌生的男人充满了信任。”——杨澜这样回顾与先生吴征相识的瞬间。

在美国求学期间的一次朋友家宴上，两个人碰面并交谈，这个有着明亮目光的男人让杨澜从见面不久开始，就对他充满了“莫名的信任”，在杨澜心中，吴征是个热情、直率、慷慨、富有男子气概的大男孩，有着世界上最清澈的眼神和最阳光的笑容。在向对方第一次表露爱意的时候，他们写下了同一句话：人生得一知己足矣。

爱情与婚姻是男人与女人最深度的共谋，无论小说中的婚姻有几多虚妄与失真，抑或学术著作中的婚姻被分析得体无完肤，一场货真价实的爱情让两个视自由与平等为生命的年轻人互相发现，彼此启蒙，共同成长。1995 年，正在热恋之中的杨澜和吴征一起去观看著名音乐剧《歌剧院幽灵》，剧中一首名为《再也没有黑夜》的插曲深深打动了正沉醉在美好爱情中的两个人。“再也不要谈论那些黑暗的过去，因为我在这儿像早晨的阳光；再也没有人能够伤害你，因为我在这儿守护你指引你……”这段感人的旋律后来也成为杨澜和吴征纽约婚礼上的主题曲，由费翔和一名百老汇女歌手深情演绎，成为二人真挚感情和美好婚姻的见证。

不论之前的爱情开篇有多么轰轰烈烈，婚姻都是男人与女人关系共同发育的崭新时段，在与吴征 17 年的婚姻中，杨澜并不喜欢用“经营”这个带有功利色彩的字眼来描摹自己对婚姻的态度，甚至“呵护”这个词也失于轻佻。她与先生是用更感性的、自然的方式去相爱与相处，不必看对方脸色，不必小心翼翼去揣测对方心意，更不必挖空心思去讨好对方，高兴了就腻在一起，也会有不高兴吵架的时候，但矛盾很快烟消云散，反而通过争论与争执让彼此的心靠得更近。因为多年共同经历的得意与失意、荣耀与沧桑，在人生风浪最湍急处的相携相助，抚养一双儿女的甜蜜与满足，使得一种牢不可破的深度信任扎根于两个人的心中：无论世道无常，无论人心叵测，唯有（他）她是无条件对我好，会舍命来爱我的那个人。

从妻子评价丈夫的角度，杨澜眼中的先生纯然是大男孩型："他开朗，爽快，情感表达的方式很直接，如果我们有争执，很少有过夜的，不会把怨气埋在心里。"两个人共同在婚姻中成长，在"动态的平衡"中释放旧能量，并不断地递补新鲜的力量，这是个充满阳光色彩的情感循环系统，不论是喜悦还是生气都来得自然，冷漠、隔阂就会自动走得远远。

婚姻中的男人和女人没有先天的主动和被动，但有着各自的天性和能量，面对人性中的虚荣与软弱、善良与丑恶，当婚姻中的男人与女人不吝于袒露自己的弱点，他们的亲密关系成就的是彼此的灵魂引领。有一次，杨澜遭遇了某些"有心人"的造谣陷害，心灵受到了不小的打击和创伤，在难以抑制的愤怒中，她在丈夫面前，用能够想到的最为恶毒的语言狠狠诅咒了这位造谣生事者。吴征默默地听她讲完，然后紧紧地把她抱在怀里，轻轻地说："亲爱的，即使是在你最生气的时候，也不要说这样的话。"那一刻，眼前的丈夫看到了妻子灵魂深处的弱点，但他用温暖而宽容的怀抱给予了完全的接纳，并用爱的拥抱将她从恶的旋涡中拯救出来。这样的陪伴才是真正的灵魂的陪伴，这样的男人和女人才是真正的灵魂伴侣。只有对彼此灵魂深度的信任，才能提供给双方自在相处的环境和可能，两个人的爱才能真正达到动态的平衡。

男人与女人在彼此的愉悦中实现共同成长，是杨澜的价值观；沟通男人与女人，促使两大性别群落和谐相处，是方法论。2007 年 3 月 8 日，妇女节这一天，杨澜当起了"校长"，与"教导主任"柯蓝一起开设了一门"课"，叫作“天女学堂”。比起杨校长和柯主任，这门课的学生们更加吸引眼球，因为他们是一群颇有女人缘的各式型男：汪涵、林依伦、罗中旭、安琥和胡东，真可谓是各有各的潇洒和倜傥。在这节热闹到几乎失控的课堂上，几位男学生参与了以“是否真正了解女人”为主题的测验，并虚心接受了“校长”与“主任”批评与鼓励兼具的“爱的教育”。

柯蓝出身将门之家，成长于北京、上海、温哥华、香港，中学时代就兼职模特儿，长大后穿梭于主持圈与影视圈，自封名号“老妖”。说起二人的结识，还得追溯到1998年杨澜在凤凰卫视主持《杨澜工作室》的时候，当时柯蓝也在凤凰主持音乐节目，两个人是挺要好的同事，爽朗、直率、善良、透明，彼此很对胃口。在杨澜眼中，柯蓝的穿着虽趋于保守，但观点相当出位，自有其“将门虎女”的大气范儿。

男人们在《天下女人》中总有特殊的一席之地，他们既被调侃，又受宠爱，既拥有被尊重的发言权，又受到女人们的“言论控制”。从2005年开播以来，各种男人的身影屡屡出现在天女的舞台，第一期节目就以《我们欣赏的男人》做总开局，在后续节目中，更有曹可凡、杨立新、朱时茂等人作为嘉宾主持不断成为节目中亮眼的“绿叶”。2006年的三八妇女节，《天下女人》专门邀请了“另一半们”来做客，现场的女性观众充分证明了现代女人的强势，她们仗着过节，对三位来宾“百般刁难”，逼他们说出了一生中最难忘的与女性有关的故事，窦文涛不得已说出了少年时是如何遭到女孩子的拳脚相加，硬汉王勇峰则第一次说出自己是如何英雄落泪，佟大为更是全盘托出了自己是怎么过情人节……无奈女人们还不满意，逼他们在现场满足众多要求，最后三个男人甚至拿起绣花针争宠，简直笑爆全场。2007年初的一期节目《小花绽放》中，男嘉宾陈建斌进入现场后发现自己掉进了杨澜、柯蓝和张丹丹三个女人的“夹击”中，以至于紧张得像个做错事的孩子，不知道眼睛该往哪儿看、手该往哪里放，能做的就是一直出汗。让男人女人在这个舞台上轻松相对、愉快调侃，这是杨澜想要的效果，与男人们的一团和气，也正是杨澜中庸的女性主义做派的彰显，不同于半边天时代妇女挣脱男权统治的悲壮，不将男人们预设为自己的对立面，而是将他们视为平等的伙伴。虽然在节目中，杨澜一直抱有想要表达女性自立自强价值观的诉求，但她永远坚持一点：男性并非假想敌，性别之间没有对立比较的必要，而是鼓励每一个人认识自己、接受自己、喜欢自己、学会成长，呈现男人与女人各自生命的精彩绽放。

这样快乐的态度和独特的视角得益于时代的更迭嬗变、男性的自我调整与女性的自我启蒙。女权主义于19世纪90年代才由法语进入英语，无论出现在哪一个群落，男人和女人的相处总是被定位成有些许对峙的格局。颇有意味的是，当西方女权主义风潮刮至20世纪初期东方中国的时候，倒是中国男性首先提出了“费缠足，兴女学”的口号，新女性们纷纷涌现，领一代风气之先。授予20世纪中国女性最显要头衔——“半边天”的依然是位男性，他就是毛泽东。当“半边天”时代行至20世纪80年代末，承受着西方第二波女权主义思潮的来袭，夹杂着“文革”时代遗留的个体伤痕记忆，中国本土的女权主义研究者们不再被解放，而是开始真正主动地观察自身，在家与国宏观主题背景的笼罩下，男人与女人的关系探讨反而被搁置。

而杨澜的“两性观”无疑是全球化背景下中国与世界多元语境的交相映照，堪称纯粹个体经验式的女性新话语。

追溯杨澜“两性观”的形成，一方面来自早年对于父母相处之道的观察、多年来读书知人的阅历，另一方面源于自身十几年婚姻生活的切实体悟。杨澜出生在一个双亲爱情美满、关系和谐的温暖家庭中，同属高级知识分子的父母彼此尊重、角色相辅相成，给予杨澜“性别同样美好”的认知。在 20 世纪 80 年代的大学校园里，杨澜遇到了给予她深刻影响的《简·爱》，书中这位 19 世纪的独立女性，并不是轰轰烈烈解放全人类的女英雄，她只是一位贫穷又孤单的普通女人，捍卫着自己最平凡、最基本的权利——得到一个男人平等的爱。“如果上帝赋予我财富和美貌，我会让你难以离开我，就像我现在难以离开你一样。可上帝没有这样安排，但我们的精神是平等的。就如你我走过坟墓，平等地站在上帝面前。”这种两性精神平等的范例为杨澜的心灵注入了一剂能量，成为她在男女关系方面的启蒙者，同时也让青春时代的她了解到，女人自主独立的思想，可以为她带来一世的尊严和光芒。

在杨澜大学毕业的 20 世纪 90 年代初期，正值“存在主义女性主义者”波伏娃的《第二性》被翻译进入中国的时代，这本书被尊为西方妇女的“圣经”——

不论是在社会发展的各个阶段中，对妇女处境、地位和权力的深度探讨，还是对男女性别差异的细致研究，此书都值得被称为“有史以来讨论妇女的最健全、最理智、最充满智慧的一本书”。当外来者与本土人一起将“女权主义”重新在中国推介，杨澜并没有吸收这些二手信息，身在美国的她用自己的眼睛和角度观察西方与东方女性的心智成长，以记者的敏锐和警觉对所谓“女性主义”这个概念有了自己的解读。她认为在真正的男权社会中，当女人没有投票权、财产权的时候，的确需要站出来呐喊和抗争，甚至像女权主义者们那样，通过烧胸罩等很极端的方式去表达，但这只是女性的青春期，而不是常态。杨澜眼中的社会常态，应是男女在人格与尊严上达到平等；而女权主义者口中“男女平等”的潜台词是“男女一样”，事实上男女的生理与心理特质都决定了他们并不可能完全一样。两性中任何一方都不需要为了社会中某种僵化的标准，来决定自己要成为的形象——男人不一定要以掌握金钱与地位的程度而被衡量是否成功，女人也不必要非去做个飞行员或者是去抡铁锤，才能表现她的独立与平等。男女的平等更多地发生在精神层面，只有尊重差异，才能释放彼此的个性。

不过，婚姻的行进有时就像我们自己的身体，即使百般“注意”，千般“保养”，也难免会出点“情况”。现代人似乎总需要借助法律的理性来为爱情护航。随着时代的变化，人们的生活不论是地点还是方式都变得越来越“没有定数”，婚恋观也趋向多元，似乎完整的、保守的家庭和婚姻对一些人来说不再是一件

“天大的事”。网络上流传着这么一句话，“对过去的老人们来说，东西坏了就赶紧修；对现在的年轻人来说，东西坏了就抓紧换。”通过近年来不断上升的离婚率也可以看出，利用“离婚”来解决夫妻双方所不能妥协的“终极矛盾”，已成为越来越多人的选择，同时，诉诸法庭的离婚案也越来越多。为此，《天下女人》专门请来了婚姻法领域的专业女律师王芳，聊聊如何给婚姻上保险，又如何为感情护航。“婚姻是有生命的机体，当它生病的时候，是不是一定要用离婚这把手术刀把它给切掉？不一定！我希望通过自己的经验去为它治疗。假如真的是濒临死亡，我希望能给它临终关怀，让每一个人都能有好的安置。”律师在人们眼中常常是精明理智、法不容情的代表，王芳却是一位把情与法糅和在一起的婚姻法律师。面对形形色色光怪陆离的离婚案件，她将自己定位为“家庭关系治疗师”，职业的成就感不是帮助男人和女人打赢官司，而是通过自己对双方的心理辅导，成功挽救一段段濒临破碎的婚姻。“失败的婚姻中没有赢家，即使赢得了官司，面对一段曾经美好的感情陷于破碎，男人和女人同样都会很悲惨”，杨澜的发言呼应着律师王芳独特的职业理想，并在当期节目的片尾处特别制作了一首短诗，献给在婚姻的战争中对峙的男人与女人——也许婚姻的航道并不风平浪静／但未必只有改变航道才能前行／让我们用真心捍卫爱情／让我们用爱情为婚姻护航。

“为什么一个男人有外遇，女人要感到失败呢？”2007 年，台湾大歌星蔡琴来到杨澜的节目，开录没多久，杨澜就将这个问题抛给了对面这位很有故事的名女人：叱咤华语歌坛28年，坐拥辉煌与荣誉无数；与导演杨德昌十年婚姻走向解体，第三者介入的说法沸沸扬扬；后又遭遇事业低谷和肿瘤袭击。遇到这个问题的蔡琴不再尴尬，而是这样回复杨澜："我觉得你问的问题相当好，为什么我们要觉得我们失败呢？"游走于两个女人之间的这个问题颇具意味，对于一个曾经受伤的女人，它仍有着杀伤力；但当女人终于明白爱情的死亡是对男人与女人的共同伤害时，这个问题就不再具有威力。没有谁好怪，爱情没有了，面对它。爱情没有了，男人和女人都成了失败者。杨德昌曾对他与蔡琴的这段婚姻做出结论："十年感情，一片空白。"而蔡琴则答："我不觉得是一片空白，我有全部的付出。"与蔡琴的"全部付出"相比，"十年空白"又何尝不是一段虚妄婚姻对于一个男人的巨大伤害？好在会唱歌的女人还有另外的通道让自己的情感疏解出来，在最悲伤的时候，蔡琴在香港红磡体育场举办了演唱会，当歌曲转换到《点亮霓虹灯》，在反反复复的唱了又哭、哭了又唱的过程中，蔡琴心中的那个无法承受的失败终于缓缓放下。面对杨澜和柯蓝，50岁的蔡琴兴奋地宣布自己已做好准备，要像浪漫的法国女人那样随时开始进行一场伟大的恋爱。

有一对法国男女的爱情算不上伟大，但绝对是无敌的独特，他们就是波伏娃与萨特。"互告新欢，又执着旧爱"，在两个人长达50年的"自由情侣"关系中，彼此都有另外的情人，四角恋始终是"基本框架"。当评论家们将一种"波伏娃与萨特缠绵51年互不厌倦"作为一种爱情奇观赞颂的时候，也许他们没有真正读懂过波伏娃的《第二性》。在《回忆少女时代》中，波伏娃曾提到过对“另一半”的憧憬：“我们共同攀登高峰，我的丈夫比我稍稍敏捷、强壮一些，他常常要助我一臂之力，与我一级一级地向上攀登。实际上，我是一个比较贪心、不太慷慨的女孩，我愿意得到，不愿给予。”20岁时，她遇到了才华横溢的男人萨特，同时还得到了买一赠一的礼物——萨特的风流成性。早年的波伏娃不仅要装作大度，甚至还会去讨好萨特的“其他女人”。虽然被这个男人的思想深深吸引，但同时又骤然察觉到萨特只是在为他自己而生活。在半自传体小说《女宾客》中，波伏娃写道：“轻率信任的代价，就是她猛然面对一个陌路人。”《三联生活周刊》记者苌苌曾经在文章《回顾波伏娃的〈第二性〉》中这样写道：“当她与这个陌路人按照双方的游戏规则一同行进了20年之时，她忽然发现了自己的‘完全被动’，萨特启发她说：‘如果你是男的，你的成长经历就会跟现在完全不一样，你应该进一步分析这个问题。’这句话成了她写作《第二性》的一个动机。她投入大量精力，查阅了社会学、历史学、经济学、生理学、宗教学等学科的书籍，那时的波伏娃已经是出版过《女宾客》等小说的知名作家，但也总被人看作是萨特的跟班，写作《第二性》是她本能所蕴含的巨大能量的爆发。这是萨特从未关注过的女性主义话题，她博闻强识的能力、史诗般的叙述以及精辟的分析，使她多少摆脱了萨特的阴影。”没有萨特的风流成性，也许就没有波伏娃《第二性》的精彩论点：“女人不是天生的，而是后天才炼成的。”正所谓靠谱的爱情出诗人，不靠谱的爱情出哲学家。

如何做，才能爱？与异性相处的艺术没有任何既定模式，对方是大男孩也好、哥哥也好，甚至像萨特一样也好，两人都需要主动寻找适合彼此的和谐共处的方式，主动了解复杂的对方，有时就像主动了解复杂的自我一样重要。既然男人与女人之间的爱有一万种幸福的模式，对应地也就有一万种失败的可能，但爱情没有对错与输赢，也许只有男人与女人或匹配或对峙的参差共生。

弱的智慧

2007年4月19日，杨澜在她的博客上撰写了一篇名为《晓娟走好》的文章，怀念因胃癌刚刚去逝的媒体人原晓娟。就在当晚，柯蓝在自己的博客上公布了这样一段让她无法承受的文字，原来是原晓娟的丈夫在妻子得癌症之后默默写下的博客。

伤感（2006.11.9）

昨天立冬，晚上回家回得早，下了楼接了康康（儿子），带了他去超市买点水果。北京已经开始冬天了，晚上正刮着大风，拉着康康的手，走在寒风里，突然有一丝伤感。只有我们两个，娟子不在，她还在医院做化疗。

以前和康康去超市不多，要去超市也是我们一家，后来康康长大些，不肯跟我们了，经常是我和娟子去，我们经常是一起拉了手，慢慢在超市里转。

娟子查出病已经4个多月了，从初时的焦虑到慢慢适应，我从来没有想过没有娟子的生活，从来没有想过这个家会变成什么样。不知道为什么，这个冬天的晚上，拉着儿子温暖的小手，走在寒风里突然有很多莫名的伤感。一切不可能的事原来都是可能，曾经珍惜和坚持的也都会凋谢，冬天来了，春天也会来，也许那点伤感会飘散在春风里吧。

这是一个男人的怕与爱，是一个男人在悲哀无力的境遇中，流露出的心里无法抑制的伤感。这份来自男人的示弱，因为有着人性的真实而令人分外动容。

相比情感外露、发泄渠道诸多的女人来说，男人的“伤感”更让人容易忽视。其实他们同女人一样，都无力承受生命的无常，甚至有心理专家提出，男人其实更脆弱。如果说女人是“后天形成的”，是被社会和文化“塑造”的，那么男人也早已不是最“原初”的男人，与女人相比，他们在一种被迫坚强的氛围中成长，要承担家庭中为生计奔忙的责任，还要为争抢世俗意义的成功而拼得头破血流，更要命的是，即使头破血流，也被警告“男儿有泪不轻弹”！

于是，莎士比亚让“李尔王”发出男人的一声叹息：不幸的重担不能不肩负，感情是我们唯一的言语。年老的人已经忍受一切，后人只有抚陈迹而叹息。

于是，从某种角度来讲，男人更需要女人的理解和关怀。这也正是杨澜秉承的观点，“为什么男人一定要出人头地、一定要做那些掌握权力和金钱的事情，他也可以是一个很棒的个体艺术家，就好比宋徽宗喜欢做木匠、愿意画画，干吗非让他做皇帝？这是一个道理。”杨澜始终对男人抱有极大的理解和同情，她认为男人被高度社会化的过程也就是社会对人性的一种异化的过程，这种异化过程不仅局限了女人，也同样局限了男人，在争取个性绽放的路途上，男女都遇到了同样的障碍，男性的障碍恐怕还更多。于是杨澜不止一次地呼吁：爱男人，爱我们的爱人！

“去爱，很简单；但会爱，有点难。就是神，在爱情中也难保持聪明。”培根的话似乎再次印证了爱绝非是男人与女人的孟浪。2007 年，演员宋丹丹出版了个人传记《幸福深处》，毫无保留地叙说了她的个人经历及情感生活，成为吸引眼球的畅销读物。

为此，杨澜邀请宋丹丹前来做客，为了给她创造一个相对私密的空间——节目组首次没有安排观众，让她可以放松地讲讲寻找幸福婚姻生活的故事。宋丹丹说：“初恋的时候，就特盼望我男朋友腿折了。”别惊诧，这绝对是宋丹丹的真心话。

细细分析，其实很符合小女孩的心思，二十多岁的时候总希望能够和爱的人天天厮守在一起。那个时候的宋丹丹觉得自己是在仰望男友，他的条件比自己好得太多，腿折了自己至少有个条件比他强了，还可以在床边一直照顾爱人，多幸福！

这就是小女生的爱情法则。在做英家主妇的日子里，宋丹丹里里外外一把手，修热水器、看护老人、装饰房子……家务事样样都靠她。这十年，她充分享受了“给予”的幸福，婚姻却正因为她过分的能干亮起了红灯，这时她才感到，幸福的婚姻靠的不仅仅是给予和付出——这也让她深刻了解了婚姻的经营之道。

当她再次走入一段新的婚姻，“女人需要学会示弱”是宋丹丹特别想与天下女人分享的幸福秘籍。有一次，宋丹丹要出差拍戏，像往常一样，丈夫很周到地帮助她整理行李箱，东西太多，男人手笨，愣是码不好各色东西，于是建议再去买一只箱子。

此时的宋丹丹来了干劲，直接否了丈夫的建议，拿出全副的本领三下五除二将东西装好了，就在她马上盖盖、自鸣得意的时候，忽然，背后的丈夫吼了一句说：“为什么你总是剥夺别人幸福的权利！”这一嗓子，把宋丹丹的勤劳喊停。“我觉得自己以前确实挺厉害的，但我现在特别地不厉害了，其实把自己放得特别低，反而觉得示弱真舒服。”

不同年龄段的男人与女人似乎有不同的需要。维持平稳健康的感情，最难得的正是容忍、不苛求。既不苛求对方，也不苛求自己。只不过，女人往往更容易走向另一个极端，那就是不顾对方的感受和喜好，一味给予，其实这反而是对自己和对方的双苛求。为什么“我的爱，你必须接受”？这种强势的给予，逐渐生出长长短短的枝蔓，比如事无巨细的盘问、时时处处的要求、不厌其烦的“体贴”，这一切，都只会让爱渐渐窒息。女人为何不聪明一点，像恋爱中索取得心安理得的“公主”一样，时不时表露一下自己的“无能”和“软弱”？这不正好符合了男人因“被需要”而满足、因“有能力”而顿觉存在感的特点吗？

自认为不太会“示弱”的杨澜决定效法宋丹丹，看看这招灵不灵，一天早晨她匆忙出门的时候，嘱咐了老公吴征一句：“我怕弄乱了你的文件，你有空把书房里的东西收拾收拾，好不好？”老公非常爽快，高声答应，杨澜大呼“此法很灵”！

爱与智慧是篇古老的文章，当男人与女人以爱为前提，示弱分明就是智慧的走笔。“扛着，就要装作自己什么都行，其实就一溜跟头”，宋丹丹的疼痛来自于曾经对自己的过度自信，对男人的完全忽视。杨澜呼应道：“男人的脸面特别重要，哪怕周围一个人没有，他跟你在一块，他也特别需要自己的女人崇拜自己。”当女人们试图自己去分析“示弱”的魔力时，一个男人的发言让她们都闭上了嘴。

孙海英曾在采访中对妻子吕丽萍这样说：“我们懂得了什么是爱以后，才

在达沃斯世界经济论坛中，杨澜积极地发出了中国女性的声音。她认为，女人是可以去平衡的，前提是需要有一个更好的私人和公共的支持系统，整个社会也应该对女性有更好的支持和关怀。

杨澜主持2011年APEC妇女峰会开幕式活动，提及了此次峰会探讨的话题，包括男女平权、就业机会、女性对政治的参与以及在经济和社会事务中的比例等等。

巴比晚宴是一场关于慈善的讨论。"小吾小以及人之小"，作为拥有一双快乐儿女的妈妈，杨澜是不是会在诸多的慈善理念中，更钟情于"如何动员整个家庭来做慈善"这一点呢？

杨澜被任命为联合国儿童基金会中国大使，这是联合国儿童基金会（UNICEF）驻中国办事处任命的第一位大使。目前，全球各地有近200位名人和演艺界明星担任联合国儿童基金会国际级或国家级大使。

真正地在家庭的整个结合上摆平这个顺位，就是夫妻之间的顺位。男人是女人的头儿，来领导这个家，女人是男人的骨中骨、肉中肉，这个要清楚。不然的话，这个家庭恐怕就很难办了。”

以上这段话与其说是孙大哥说给妻子的，倒不如说是给天下女人听的。《圣经》记载，上帝用亚当身上的一根肋骨造成一个女人，于是世界上有了第一对夫妻。

对于女人，亚当说得明白：“她是我的骨中之骨，肉中之肉。”当然，女权主义者们听到这个发言肯定是要愤慨的。杨澜似乎也有话要询问对面的吕丽萍：“这男人一定是头儿啊，现在我们都讲两个人要平等，你的理解呢？你也是挺有个性、挺有主见的一个人。”吕丽萍的回答充盈着被宠爱的幸福：“他讲的这个头儿啊，我觉得就是一个大哥哥，能够在你的人生中带着你，一直走完人生的道路，而且他比你还强，还好。所以，我觉得他刚才说的是一个很重要的原则，男人就是一定要知道你的爱人是你的骨中骨、肉中肉，如果你伤害她就像伤害自己一样。”

“骨中骨、肉中肉”的亲密让两个曾经经历婚姻风雨的男人和女人找到了彼此的真爱。徒然的争强好胜曾经伤害的是自己，示弱与包容让丈夫心甘情愿当起了自己的“贴身助理”。有一次两个人外出，丈夫孙海英怕火车上的冷气让吕丽萍受凉，就抱着妻子的脚，深情地看着妻子。

这一幕被方青卓看到了，感动得方青卓眼泪都要掉下来。无所谓强与弱，只有甜与蜜，妻子吕丽萍对丈夫发言的解读是如此精当，没有大女人的矫情，只有小女人的柔情。知名教授于丹来到节目里，更是打破了人们对她私生活形象的猜测——这位饱读诗书的“名女人”，在家里绝对是个不折不扣的“小女人”，不仅如此，她还拥有“小女人”的幸福待遇：在家基本不用做饭、不用做家务，出门不用开车，过生日的时候，老公开车把她送到聚会现场，等玩尽兴了，再来接回去。于丹对这种待遇的解释是：自己不会做，但很会夸，态度好和“吹捧”的本事可以掩盖自己动手能力差的事实。

她认为有时“凡事不过脑子”是一种特别值得提倡的生活态度，许多家庭琐事不要总是特别用脑子去想，也不要深究自己在这个家里应该是什么角色，只要人和人的关系是和谐的、顺当的，就挺好。女人有一件事很重要，就是生命格局要大、人性上的胸怀要大。

但“小女人”是一种情趣，女人绝不能失了那种天真、欢欣、活活泼泼的特质，那种水银泻地、叮叮咚咚的东西，是应该贯穿一生的，这样到了七八十岁还会很可爱、很生动。所以女人怎么能幸福呀？一辈子内在不较劲，外在不抱怨。

不和丈夫较劲，也不和自己较劲，让自己享受小女人的被宠溺，这是一个令人羡慕的状态，也是于丹与天下女人分享的智慧：比知识重要的是人的经验，比经验更重要的是人的悟性。正如哲学家周国平所言：其实，并没有男人与女人，只有这一个男人或这一个女人。当这一个男人和这一个女人走进彼此的生命，学会示弱，不是小把戏，也不是大智慧，而是愉悦自己和对方的方式，“二”起来，让幸福成为“一定”。

在男人与女人的对手戏中，谁是第一性？谁是第二性？这个由波伏娃女士制造的麻烦问题，还是让萨特先生来回答吧。

* * *

THE HAPPINESS PROJECT

人们总在问男人如何成功，

好像他们不需要幸福；

人们总在问女人如何幸福，

好像女人的成功不是一种幸福。

女人获得事业的成功必然以丧失幸福为代价吗？

女人的幸福可以蕴藏在成功之中。

第三章

CHAPTER 03

让成长更迷人

男性创业者容易犯急切、贪婪的毛病，女性创业者往往显示出更大的谨慎与耐心。她们越做越自信、越坦然，可以做八分就做八分，可以做六分就做六分。

人们总在问男人如何成功，好像他们不需要幸福。企业家们热衷于学习西方的企业管理、市场经济规则，乃至哲学和新教伦理，却似乎对家庭伦理不太感兴趣。没有人问他们为什么晚上不回家吃饭、为什么不知道孩子上几年级，或者为什么总是单独出席社交活动。2012 年初，我采访王石时问过他这个问题。他迟疑片刻，说这是私人问题不方便回答。其实我当时并不知道他会在半年后离婚，我问的是个人观念而非隐私。

“他们总在问女人如何幸福，好像女人的成功不是一种幸福。”张小娴在她的微博里这样说。美国驻华大使夫人李蒙惊讶于一家时尚杂志的编辑问她的第一个问题竟是“你是如何找到一位完美的男人的？”于是每个事业成功的女人都要无数次回答“事业与家庭哪个对你更重要？”如果她恰巧未婚或是离异，人们就会怜悯地看着她，眼神里写着两个字：不值。如果她没时间去接孩子放学，她就会认为自己不是称职妈妈。

在小时候读的童话中，白雪公主、灰姑娘、睡美人，她们一副美丽而无辜的模样，等待着一个她们并不认识的白马王子来拯救。比较起来，我那时更喜欢海的女儿。她敢于爱、敢于为爱选择痛苦，在爱的无望中她不忍心伤害，宁愿化作一堆泡沫。她始终忠实于自己的内心，做出选择的是她，而不是其他任何人。一般来说，人有 6 种与幸福相关的人格特质：智慧、勇气、仁爱、正义、节制和精神卓越。而这 6 种品格又可细分为 24 种优势：比如智慧包括好奇心、喜欢学习、判断力、创造力、洞察力和社交能力；勇气包括勇敢、毅力、守信；仁爱包括慷慨、爱与被爱的能力；正义包括公民精神、公平心和领导力；节制包括自我控制、谨慎、谦虚；精神卓越则包括对美的欣赏、感恩、宽恕、乐观、信仰、幽默和热诚。其实，人能有多少成就、多少幸福，很大程度上取决于自我发现以及寻找相适应环境的早晚。

积极心理学家马丁·塞利格曼将“成就”列为幸福五要素之一（其他四要素是积极的情绪、爱好、关系、价值感）。成就，从发现真正的自己开始。有些人开窍得比较早，有些人领悟得比较晚，但只要你足够想，总有机会做回真正的自己。做出选择，需要勇气；接受选择的结果，也需要勇气。

范玮琪是在哈佛读书期间意识到自己最初的梦想和真正的热爱是音乐和表演，并且有了一次出唱片的机会。这意味着她必须退学。一开始那只是一个念头，虽然不知道等待自己的是什么，她却觉得上帝会带领自己。最大的恐惧反而是让父母失望，她将是家里唯一没有念完大学的孩子。就在最挣扎的时候，她的父亲给她写了一封信，告诉女儿爸爸知道这个决定需要勇气，希望她将来不管走在哪条路上都会发光发亮，爸爸支持女儿的决定！

海蓝博士38岁才决定从眼科医学转向心理学。她看到年迈的导师、医学泰斗生活并不幸福而发出“我的人生没什么意思”的感慨，深受震撼：无论外界给予多少肯定和尊崇，都无法填补内心的空洞。联想到自己对心理学的巨大兴趣，她在人近中年时毅然改行，开始另一段如饥似渴的学习，并且克服语言、文化的多重障碍，成为美国危机干预组织的区域领导人。她说：“一个人如果能做自己真正想做的事，就会有源源不断的能量和智慧，爆发出惊人的创造力。在一个正常的环境下，也就更有机会获得成功，包括收入的回报。哎，真的很忙，没时间做别人！”

对杨丽萍而言，舞蹈就是她此生的使命与宿命。70年代她跳孔雀舞就是极力模仿孔雀的姿态，到了80年代可以更多地表达内在的情感，而如今，她已经可以不炫耀舞技、不拘泥于是雌孔雀还是雄孔雀，而化身成为孔雀的精灵了。那种境界，就是自由。而这背后是巨大的热爱和近乎苛刻的要求。她只要远远瞄一眼就知道哪个舞者偷懒了，她可以为一段舞蹈的拍摄方法不当而与电视台的摄像反复讨论，直到人家远远看见她就想望风而逃。她说，表演就像用手捧水，东漏一点西漏一点就没有了。她没有结婚，又怎样呢？不等于她没有爱。她认定真正的爱不以占有为目的，也不是因为怕孤单才拴一个人做伴。她从自然界寻找答案，就如母兽会在幼仔成熟后把它撵走，爱一个人便要给他自由。况且爱有很多种，爱一朵花、爱一片云、爱一棵树……她说“自己每天幸福，连痛苦都可以是一种恩泽”时，心灵如鸟儿般自由，而她的舞愈发出神入化了。

俞渝可能还清静不下来。当当网上市后刚想喘口气，电子商务的残酷竞争又铺天盖地而来。她也不用花呀鸟呀形容自己，说：“成功是推土机似的坚持。”11 年前互联网的第一个高峰期，像当当网这样的公司有好几百家，资本、规模比当当强的比比皆是。后来 B2B 时髦了，又有人做 ASP 了，利润比做普通消费者的生意丰厚多了。但是俞渝坚持走自己的路，从一天几个订单，到一天 17 万个订单。除了出于商业上的判断，这种坚持是否也与女性特质有关？有社会调查显示，女性创业更多来自内心的喜爱而不太看重因此获得的权力和权威。男性创业者更容易犯急切、贪婪的毛病，女性创业者往往显示出更大的谨慎与耐心。她们越做越自信、越坦然，可以做八分就做八分，可以做六分就做六分。员工一时做不到她也不急，但可以肯定的是她过几天还要跟你再讨论这个问题。推土机嘛。

对比于功成名就的女性，那些刚刚走出校门、挣扎在陌生城市的年轻女孩还看不清方向。她们其中有惧怕职场竞争，不断考研、考博的；也有过着蚁族般生活，彷徨无助的。《天下女人》曾两次邀请几位在北京找工作的外地女生，吴青如、李静、刘永红、刘灵。她们来自不同地方，在杨家岭一间十平方米的出租屋中同住，床小到大家要一起翻身。每天早晨挤公交车，有时身体进去了，头发被车门夹在外边。比生活条件艰苦更难熬的是屡屡受挫的失落感和远离亲人无依无靠的孤单。但是她们不愿轻易放弃，而且一个人遇到招工机会，就会拉上其他几个一起去，彼此鼓励着：不管谁先找到工作都是我们每个人的胜利！两年后她们再次来到我们节目，都已在北京找到立足之地：有做保险的，有做软件的。这期间，李静曾经把工作丢了，手头拮据的她骗父母说自己过年期间需要留在公司加班，语气里尽量带着自信快乐的调调，却在大年三十震耳欲聋的鞭炮声中让眼泪肆意流淌。其他几位女孩子也常常牵挂着父母，北京的生活开销大，工资微薄的她们还把省吃俭用攒的钱寄给远方的父母，骄傲地宣布她们有能力赡养老爸老妈！让我特别感动的是，在独生子女的一代人中，女儿们希望向父母证明自己是可以像传统意义上的儿子那样被依靠的。她们的奋斗里，爱的承担多于扬名立万的野心。

1990 年我大学毕业时虽然也身无分文，但那时的房费、生活费用比今天低得多，大学毕业生还算稀罕。那时年轻人都向往脱离铁饭碗，留洋或者下海。今天的大学毕业生面临诸多难处：工作难找，生活开支大，心里的压力无人分担，也看不清前途。记得电视剧《蜗居》中的海萍有这样一段台词："我每天早上起来就要算账，按揭多少钱、水电费多少钱、孩子上幼儿园多少钱……我一起床就欠着钱！"加上大学扩招，就业压力大，而这些年国企和政府收入提升高于平均经济增长、有各种福利和社会保障，怪不得毕业生一窝蜂地跑去考公务员，甚至达到万里取一的程度。这并不是什么特别让人欣喜的信号，它说明市场创造新机会的活性正在下降。在这种情形下我的建议是不怕起点低，只要“入对行”。成为好莱坞大导演的斯皮尔伯格16岁进入电影业，起步就是做片场里的小工。耳濡目染，察言观色，在有心人的眼里，处处都有学习长进的机会。而且只要用功、认真，总会有被伯乐发现的机会。哪怕一时因生存压力不得不做一份自己并不喜欢的工作，也可以做阶段性调整，通过进修、培训，再次进入职场，寻找到更接近自己爱好的职业，让工作不仅为了养家糊口，也能成为快乐与成就感的来源。

电影导演李玉的第一份工作是电视台主持人。她每天坐在化妆间里都感到特别沮丧，好像已经看到了自己老的时候会怎么样，好像生命都停止了。于是她放弃了这份稳定而令人羡慕的工作，到中央电视台《生活空间》做了纪录片编导。大概是她想通过影像表达的东西实在太多，几年后她要把自己的剧本拍成电影！40万的可怜预算也需要她贱卖房产来筹措，戏拍完了只有厚着脸皮住到朋友家去，男友也在这种不稳定的状态下分手了。影片第一次在威尼斯电影节放映时工作人员居然把其中一盘胶片丢了，几乎崩溃的她跑到电影院外放声大哭。但是她不后悔，这是她的选择，青春时不疯狂还待何时?《观音山》中范冰冰饰演的迷茫的女孩，表达着我们每个人试图搞明白自己、搞明白世界的疯狂突围。对于边界的认识，有些人是靠撞痛自己的方式来达到的。那些看起来坚不可摧的墙壁，也有被我们钻出窟窿的时候。

不管我们多么聪明，都猜不透命运手里有一副什么样的牌。刘嘉玲在《东周刊》登出她出道早期被绑架强迫拍摄的裸照时，整整两个星期躲在家里不敢出门。她感到深深的羞辱，没有足够的力量站起来。那时香港演艺界人士集会声援她，谴责无良媒体。梅艳芳等圈中好友劝嘉玲站出来讲一些话，但嘉玲犹豫着，怕去了外面如果情绪失控号啕大哭反而不好。关键时刻，男友梁朝伟叫大家不要逼她，等她感觉舒服再走出去。嘉玲在节目中动情地说："他是真正相信我的人。在最艰难的时候，他给了我一个力量。我当时就想，如果我拥有他，失去全世界又怎样！"最终，嘉玲振作精神，坚强地走到阳光下，应该感到羞耻的是黑社会和不良媒体，而不是她。她说她那时有两个护身法宝，就是忍耐和坚持。后来又多了另外两个：包容和慈悲。

杨佳从小就属于那种天才少女。16岁就上了大学，20岁出头就在中国科学院研究生院做老师。她有了自己的家庭，丈夫、女儿。然而毫无征兆地，她的视力开始模糊，眼前的世界就像一个舞台，两侧的大幕向中间徐徐关闭。直到有一天早晨，她问自己的父亲："什么时候天才亮啊？"那一天大幕合拢，世界进入永夜。更让她承受不住的是，丈夫带着女儿离开她并提出离婚，从此中断所有联系。那是天塌下来的感觉！但她并不是完全无助的，一夜白头的父亲甘愿当起女儿的拐杖，对她说："孩子，世界上只有回不去的，没有过不去的。"她接受了现实，顽强地学习盲文，后来争取到去哈佛大学肯尼迪学院读研究生的机会。学习需要大量阅读，杨佳要做的是先扫描整本书，输入电脑，然后用语音软件读出来。因为这样的阅读过程太慢，她不得不逐渐提高语音播放的速度，1 分钟可以听 400 个单词，就像听录音机快进似的变调的感觉。然而她挺过来了，不仅拿到学位，更在十年后获得该校的校友成就奖，曾获此奖的华人只有两位，另一位是香港特首曾荫权。杨佳现在中科院做教授，她一手漂亮的板书让人怎么也不相信那是出自盲人之手。她说自己是幸福的，外部世界的黑暗点亮了她内心的世界。她说女性不是一棵树而是整片森林，遇到挫折不要绝望，因为我们可以相互关照。她来上节目不是要更出名，而是希望在世界上的某个地方，她的十几年未见的女儿能够听到母亲的召唤。

刘岩是骄傲的女孩。为什么不呢？她高挑、漂亮，舞跳得好，只要她上了舞台，那舞台就是她的。她认真，也强势，初出茅庐，就敢跟导演争执舞蹈的编排。北京奥运会开幕式演出设计了她的独舞，全世界的目光都将凝聚在她一个人身上！谁会料到那一次事故？万分之一的概率为什么偏偏发生在她的身上？她的腿为什么一点知觉都没有，她宁可忍受疼痛因为那起码证明它们在恢复。她的人生才刚刚起步却注定后半生要坐在轮椅上！在无数个找不到答案的夜晚，她难以入眠。2009 年快过年的一个夜晚，她连吃两片安眠药仍然焦灼不安，当护理阿姨给她递上一支安神营养液，她突然问："阿姨，你扫地吗？我可以把这个瓶子扔到地上吗？"阿姨一把抱住她大哭，她却没有掉一滴眼泪。一天，一位美国医生告诉她："姑娘，恭喜你，你可以出院了。去工作吧，新的人生开始了！"她将信将疑地再次开始认识自己和这个世界。她发现自己可以写出10万字的博士论文研究中国古典舞中手舞的语汇，可以创办基金会教乡村的孩子们跳舞，甚至可以在与同伴合作表演时主动减少自己的动作，让灯光师收掉她这一方的灯光，使观众的视线更多放在歌者的身上。一个舞者的重生，难道不是一种成就、一种幸福吗？

* * *

作为职业女性中的精英翘楚，她们务实而不失梦想，大气而不乏情趣；她们以自身的存在，彰显了女性的智慧、价值和影响力，也在不断颠覆着所谓世俗意义上的“成功”，其别具神韵的人生履痕，摇曳着人格的芬芳和知性的美好，其各具风采的职场故事，递给人们奋进的力量和坚守的信念。即使失败，亦非悲剧，只是上帝的玩笑而已。

——朱冰

辛劳着，自由着，幸福着

1928 年，为了逃避包办婚姻，一位来自浙江绍兴的 17 岁女孩，独自一人登上去黄浦江的渡船，历经艰辛，辗转来到上海滩。在那里，她先是进了手帕厂缝制手帕，后来与丈夫一起开办了一家小小的夫妻店，生了八个孩子，活下来五个。她最有成就感的时刻是每年农历新年时，给一家大小穿上自己亲手做的新棉袄，烫了头发，略施粉黛，一起坐着黄包车到西式照相馆去拍一张全家福。那份富足和安乐让她容光焕发。战乱、船难、运动、蒙冤、抄家，她都曾经历。但有一个信仰始终驻足心底——“什么都能被拿走，靠一双手劳动别人拿不走。”直到 90 岁她还坚持自己买菜做饭。一天吃过早饭，她说困了要睡一会儿，就这么走了。享年 98 岁。

这位奇女子就是杨澜的外婆，也是对她影响最大的女性。

人人身上都是一个时代。出生于爆发辛亥革命的 1911 年，经历了民国和共和国，新旧思潮、政治风云虽然在外婆的生命历程中作为背景反复上演，但心中“自食其力”的信念从未有过改变，也是凭借这份辛劳，外婆换取了一位女性永生的幸福与安宁。

如同外婆的被迫出走，女性从依附者成为自食其力者、从家庭主妇成为职场中人，也是在被迫中完成了转身。1914 年，第一次世界大战突然降临，由于越来越多的男性走上战场，女性开始成为社会生产力的参与者，不论是小镇上的邮递员、车站上的搬运工，还是工厂里流水线上裁军装的工人，穿着裙子的女性们开始从事与男性几乎同样繁重的工作，虽然还不能与男性同工同酬，但被战争卷入职场的欧洲妇女自此拥有了就业权。就在 17 岁的外婆从家乡跑到上海滩的 1928 年，欧洲女性的就业人数激增，女性的处境因为加盟职场而发生着巨大而微妙的变化。此时的中国正处于民国的初创期，随着西方先进生产力的入侵，在近代工业开始萌芽与发展的过程中，女性与职场也发生着越来越宽泛的关联，外婆手帕厂女工的身份也就是当时典型的产业女工。从产业女工到独立开店，外婆依靠劳动为自己的孩子们创造着尽可能好的条件，大女儿凭借自身的努力，成为家里的第一个大学生，从上海被保送到北京，成为 20 世纪 40 年代的知识精英女性。外婆的这位大女儿，就是杨澜的母亲。

杨澜在一篇名为《解放》的文章中，回顾了外婆、母亲和自己三代女性的解放之路。“我们可以选择自己的职业道路了。我们这一代人大学毕业时，国家第一次不包分配了。我们不用诚惶诚恐地等待指令，也不必在一个单位里终老此生。没有中央电视台不拘一格地选拔主持人、没有出国留学的机会、没有资讯和媒体的进一步开放、没有独立创业的条件，今天的我，生活一定没有这样充满刺激、挑战和创造的乐趣。”对于自己生逢的这个时代，杨澜用幸运来概括内心的感受。“幸运”也许是所有幸运儿的托辞，女性的幸运可以有更多重的标准，但杨澜更愿意与女人们分享的是这份幸运——大学毕业时收到父母给予的忠告：“咱们家没有什么门路可以走。你已经完成了应受的教育，往后的路，自己去闯吧。记住，女孩子，要学点真本事。”那一刻的杨澜，虽紧张而无助，却获得了最好的礼物，那是她一生“解放”的开始，也是外婆式的自食其力型奋斗的又一次启程。

秉承着“女人要独立，要为自己负责”的家庭教育，杨澜在奋斗的路途上也生成了自己的解读版本：辛辛苦苦，过舒服日子；舒舒服服，过辛苦日子。如今，仍在职场上继续奔波的她在接受各类访问时，最容易被问到的问题就是：你是如何取得成功的？你认为什么是成功？在一次北京大学的演讲中，杨澜用“成长，你唯一的把握”为题给予了全面回复。“Growth can not be replaced”，西方有谚语说道，“成长是不可替代的事”，人生之路雄关漫道，永无尽头，唯一可以用肉眼看得到的，就是比较今天的自己，是否比昨天更加耀眼。哲学家罗素曾说过，人的成长要遇到三个方面的矛盾：一是人与自然环境的矛盾，二是人与社会，也就是人与人的矛盾，三是人与自己的矛盾。克服这三种矛盾的过程，是遭遇成长阵痛的过程，是更加清晰了解自我、摆平各类关系的过程。谈到个人的成长，杨澜强调要找到自己的比较优势，“也许从小受家庭影响，我还比较喜欢读书，还有学习的能力。所以日后开始做访谈节目，每次我都是坚持尽可能地阅读相关的资料、看所有的东西。按别人的说法，这很笨，主持人就是靠口才好、现场反应快就行了。我恰恰认为不是这样。拿我做访谈节目来说，你事先准备的程度和你做出的节目的效果完全是成正比的。我不是一个特别聪明的人，但是一个还算勤奋的人。通过做功课来弥补自己的不足”。作为媒体人，杨澜用勤奋成就了自己卓然的职业声誉；但这个“努力就会成功”的勤奋原则并不适用于所有的领域，回忆起自己创办阳光卫视的职业挫折，杨澜坦言“永不后悔”。为了实现这个人文理想，甚至怀孕的时候，她还在进行商业谈判，但由于商业模式和当时的市场规则不是很符合，一番辛劳打拼使自己成了行业的先烈。从小到大，杨澜所接受的教育就是：只要你足够努力，你就会成功。但她后来发现不是这样。如果一开始，策略和定位有偏差的话，无论怎样努力也不能成功。

用辛劳捍卫自由，这份自由不尽然是自己给自己的，还有外界种种元素的作用。如何比较自由地去控制诸多不可控的东西，确保自己的成长趋于正方向？对比虚无缥缈的成功来说，为成长寻找坐标倒是容易一些，比如应该去寻找以下三个坐标：时代的坐标，与他人比较的坐标，以及自己内心的坐标。对这三个坐标的寻找过程，也是个体成长的最重要过程，而找到内心的坐标，往往是最难却也是最有意义的，因为人类不分年龄、国界，最大的快乐和痛苦都来源于精神层面，于是，从知识阅历的成长，到能力见地的成长，到自我精神的成长，是我们每个人可以倾尽毕生去追求的从低到高的收获。我们为什么会有焦虑、不安、困惑、迷茫？事业的成功一定带给我们幸福和快乐吗？女性在显著地推迟了婚姻和生育年龄之后，如何看待自己在家庭中的责任？当我们把昂贵的化妆品涂抹在脸上时，我们花了多少时间关注身心的健康？为什么中国女性就业率名列世界前茅，却还有近一半的女人认为“干得好不如嫁得好？”我们该如何获得婚姻的安全感，是通过掌握男人的胃口、钱袋还是他们的心？我们该怎样养育我们的孩子，告诉他（她）男孩子“不许哭”女孩子“真漂亮”？又该怎样向他们解释妈妈又要出差了？这是职场领袖杨澜的思考，也是一位杰出的职业女性对于天下职业女性的关切。

21 世纪之后的中国进入了更加商业化和全球化的时代，女性的就业率不断上升，甚至超过了欧美一些发达国家，达到了 48% 的高比例。作为中国女性的精英代表，杨澜参加了国内外一系列关于女性话题的国际论坛，开始从全局的角度关注现代中国职业女性的生存状态。在经济形势、社会政策与传统家庭文化的多重影响之下，作为中国的职业女性，会面对怎样的就业形势与职场环境？如何处理经济独立与情感独立的关系？这些问题都直接关系到职场女性的生活质量与幸福指数。2007 年，杨澜决定借助官方的力量，为中国职业女性做点实事。于是，在她的策动下，阳光媒体集团与妇联、新浪网及湖南卫视联合发起中国职场女性生存状态调查，并在每年举办“职场女性榜样颁奖盛典”，展示和褒奖当代中国职场榜样女性的风采与成就，通过倡导积极的生活态度和职业发展方式，赢得社会各界对职场女性的关注与支持。

2008 年 3 月 8 日，“首届中国职场女性榜样颁奖盛典”隆重举行，杨澜和柯蓝主持了这台晚会，时任全国妇联主席顾秀莲女士亲自到场颁奖。这场隆重的盛典揭晓了“中国职场女性关爱行动”自启动以来，经过评委会与网络投票，共同确定的 10 位职场女性榜样。她们中有在世界体育赛事中拔得头筹的“体坛尖兵”叶乔波、有对白血病治疗方面有新贡献的“白衣天使”陈赛娟、有在电子商务领域乘风破浪的“商场精英”俞渝，还有常年奋战在电视工作一线的“新闻女侠”柴静等。在这一系列名单中，女法医王雪梅是艳惊四座的一位，不仅是她外表的美艳，还有她特殊的职业角色。面对这位中国公检法系统的第一号法医学硕士，“职场女性颁奖盛典”给予她的颁奖词是：一个美丽热情的女性，20 年间面对腐烂恶臭的尸体解剖；一位睿智冷静的法医，用真相还死者清白与公道；这是一个艰难的岗位，唯有大仁大爱者可以坚持，唯有大智大勇者可以担当，以生命的名义伸张正义。

虽然来自不同的职业岗位，但 10 位优秀的职场女性榜样秉承着共同的特质：工作不纯粹是她们谋生的手段，而是通过工作追求社会认可的成就感、经济独立的安全感、安排生活的自由感。自由、独立和快乐正是职业带给王雪梅的最好的礼物。

为了呈现王雪梅的精彩人生，杨澜特别向她发出了邀请。当节目编导们钻进她的办公室，想对这位奇女子的生活一探究竟时，她们不仅发现了在她的办公桌周围有精致的化妆品、多套漂亮的时装、充满童趣的玩具，居然还发现了两具完完整整的骷髅！一半是海水，一半是火焰，一边与天使共舞，一边与魔鬼过招，这恐怕是对王雪梅的世界恰如其分的描述。

这个破译死亡密码的酷女人在与杨澜的倾情对话中，一边畅谈自己对事业的热爱，一边毫无保留地道出自己对生活、对情感的疑惑。果真是一个特立独行的酷女人，一个热爱生活的激情女人，一个为理想和正义而生的纯真女人——“我是一个肩负天职的女人，我是上天派往人间的使者，我必须要做的，是用科学的手段，靠扎扎实实的本事，让死人开口说话；我要以敬畏苍天、敬畏亡灵的赤胆忠心，靠敢于坚持真理的勇气，做死亡的转述者。”从学习法医专业到进入从业实践的几十年间，王雪梅从最初面对尸体上吐下泻、极度恐惧，到后来从心底接受认同并敬畏死亡，她逐渐习惯了这种职业方式并对其报以最大的热情。这位看起来温柔文静，却被同事叫作“虎咪”的女人，被锻炼出坚不可摧的内心和强硬不妥协的性格，在一次全国法医工作会议上，面对出言不逊质疑她的人，她立刻露出了平日里隐藏起的“虎牙”，甚至还差点扑上去动了手，“你敢当众辱骂我，我就敢撕烂你那张臭嘴，不服气就拿出点真本事，把我从这个位置上赶下去！”不仅面对内部矛盾时“决不妥协”，面对外部矛盾时更是“生猛无比”，当王雪梅接到恐吓辱骂她的匿名电话时，这位自称“江湖气”和“英雄气”都很重的女性自有她防身的本领：你小子打听打听，我这辈子怕过谁？你痞，我比你更痞；你流氓，我比你还流氓！那人傻了，都接不上茬儿，你流氓，你一个女的靠什么流氓？我说，我从你颌下正中到耻骨联合，我一刀就把你给剖开了，还跟我玩刀子？我玩死你！刀架在脖子上我王雪梅要是眨一下眼，就不是堂堂中国的大女人！霸气十足的回答让杨澜直呼：太爽了！雪梅，我太崇拜你了！

即使在怀孕期间，王雪梅还挺着大肚子，做了四台解剖，最后一台解剖离预产期只有八天。这位醉心事业的奇女子，在职场上承受着常人不能承受之重，也获得了常人不能企及的成就感与肯定，但当她谈及爱情时，却坦白承认，这是她的短板。在王雪梅的自我评价中，自己是一个热爱生活，却又特别不懂家庭、不懂婚姻的人。在婚姻遭遇解体之后，她无奈地忏悔道：我是一个自恋的女人，我是一个没有能力对感情和家庭承担责任的女人。我曾经拥有最支持我、最爱我的丈夫和最好的家庭，但我无法承受循规蹈矩、单一乏味的家庭生活。对于这个不能解答的命题，杨澜对眼前这个真诚的女人给予理解。杨澜认为，世界上并没有一种统一的生活方式，要求大家都必须按照同样的标准去生活，她非常理解王雪梅对一个人自由自在的生活状态的向往，“人必须得找出一个适合自己天性的生活方式，不管别人认为你应该怎么生活，其实都应该顺从自己内心。”

“我特别在意内心对自我的评价，我自己经常被自己感动得热血沸腾，真是理想主义者”，哪怕事业这杯酒有毒，王雪梅也愿意一饮而尽。也许，这一切，他人的解读是极端、是执着，但奋斗带来的满足和快感只有当局者懂得，正所谓甘苦自知。在职业的版图上，杨澜是一位勤奋的开拓者，节目内容制作、媒体公司运营、社会公益事业、跨文化交流等等常常使她“投入过度”，连轴转地工作、不停脚地出差，一个优秀的女性原来如此辛苦。何谓痛苦？何谓幸福？杨澜更愿意用作家史铁生的话求证自己的奋斗：痛苦和幸福都没有一个客观标准，那完全是自我的感受。因此，谁能够保持不屈的勇气，谁就能更多地感受到幸福。生命就是这样一个过程，一个不断超越自身局限的过程，这就是命运，任何人都一样，在这过程中我们遭遇痛苦、超越局限，从而感受幸福。也许压力与轻松、痛苦与快乐这些看似两极的词语本就是“同根生”，互依互存、彼此映照，没有埋头入水的憋气之苦，就没有抬头出水时酣畅呼吸的快感。杨澜坦言：“这些年，有太多的遗憾。唯一对自己满意的，就是一直在追求改变。宁可在尝试中失败，也不在保守中成功，是一种自我激励。在蝶变辉煌一刻之前，是在平凡中的等待。贴紧地面感受湿热的地气，饥渴地寻找养料，把它转化成能量。一个人太渺小了，期待人们会记住你，是一种奢望。而投入自己热爱的事业，享受每一次创新的刺激、欣喜，甚至苦痛，却是非常真实可靠的。有一天，它成了一种习惯。”

“蝶变”是杨澜对职业女性复合嬗变的生动比喻，“从笨拙的躯壳中挣扎着伸出细嫩的触角，翅膀因为粘满液体依旧合拢，几乎透明的足肢，支撑着颤抖的身体，微风吹过，它摇晃着几乎倒下，只有耐心等待阳光的照耀使它慢慢变得轻盈，那薄而绚烂的翅翼上色彩一点点明媚起来，空气中的温度通过触角传遍全身，让它一分一秒地强壮起来，然后，你几乎听到一声轻轻的叹息，那是终于自由的释怀。一展翅，它起飞。”

不同于歌声中平庸的爱情，要么腻人，要么崩溃，莫文蔚版本的爱情具有一种罕见的善良与清醒：也许我爱你并不够啊，你爱我也不容易吧。当特立独行的女人莫文蔚Karen带来新专辑《Live is Karen Mok》时，又将一种贴地飞行的踏实与率性带给了众人。

为了完成这张由十首歌组成的CD专辑，所有的工作都是莫文蔚一个人承担下来的，除作曲之外，她还揽下了监制、督工、设计造型等一系列苦活累活，为了省钱省时间，莫文蔚甚至冒着被粉丝认出的“危险”，坐着地铁东跑西颠去拉赞助。《Live is Karen Mok》中文名叫《拉活》，当杨澜拿她的辛苦拉活与北京出租司机的拉活比照，并问她：你觉得拉活会给你带来什么样的乐趣？莫文蔚的回答有一种单纯的开心：为了喜欢的音乐，什么都可以做。将人生中最大的兴趣变成工作，我觉得已经是一个非常大的幸福。怎么活得开心我怎么活。

活，意味着劳累；拉活，意味着付出；享受拉活，意味着即使劳累、即使付出，我们也愿意，因为这是我们爱自己的方式，也是有能力给予爱的显示。

为爱拉活，用辛苦捍卫自由、捍卫幸福。与其迷恋成功，不如让成长更迷人，辛劳着、自由着、幸福着，工作中的女人就自然拥有了那份迷人。

缔造支持系统

作为一名成功女性，你是如何平衡家庭与事业的？这样的问题似乎不分国别，它会被毫无悬念地扔在每一个成功女性头上。每当面对这个问题，杨澜的回答往往走向笼统，而无法拿自己说事，因为这个问题对于杨澜确实不是问题。

在辛苦地奔波于家庭和职场两个阵地的双生涯女性群体中，杨澜绝对属于非常有福气的非典型性的那一种。杨澜和吴征夫妻两人的辛苦创业，为自己的家庭争取了更多的财务自由，从走入婚姻和家庭伊始，杨澜周边一个较完备的支持系统就已经形成：外力由司机、保姆等组成，内部由双方的父母和亲爱的丈夫保驾。当一双儿女出生，来自老人们无私而周全的援助，更是给予了杨澜忙碌事业的自由，不必担心孩子上学没人接送、不必担心孩子放学以后吃不上热饭、不必担心丈夫的埋怨，因为两个人没有谁比谁更忙。

生活大致平静，心中总有波澜，相较于如何平衡的这个话题，杨澜更愿意和女人们探讨的是如何减轻女人天生的内疚感，它来自于职业女性更深层的焦虑——身体的焦虑与情感的焦虑。

当杨澜在采访美国第一位女国务卿奥尔布赖特时，这位权倾政界的女性道出了内心的疑惑："作为女人，仿佛有一种天生的内疚感，因为你总是在想，是否花了足够的时间来陪孩子？"不过奥尔布赖特也认为，女性的确应该意识到自己的神圣职责，并经常自问"是否尽力做了你该做的"。这一点，杨澜深有共鸣。

在她的记忆中，有一件事让她非常"内疚"，在女儿出生刚刚满百天的时候，由于需要在上海与北京间往返多次，参加"申奥"的活动，杨澜发现自己开始缺少奶水，最后不得不被迫给女儿提前断奶。在她看来，母乳喂养这份不能替代的工作被她给"搞砸了"，这成了她"不能弥补"的遗憾，对女儿的内疚久久不能释怀。除了对孩子的内疚，纠缠于工作的女性，那些烦琐又具体的压力遮蔽与分散的是正常的生理需求，这种被动的冷漠是对身边爱人的忽视和不尊重，渴望亲密，亲密却并不那么容易达成。

穿梭于东西方，杨澜发现这种焦虑在女性之中也是没有国别之分的。经过观察和了解，现代中国妈妈与美国妈妈相比，还是比较"有福"的一个群体。美国的妈妈们更加焦虑，中国孩子一岁半就可以被送到幼儿园，而美国小孩子四岁之前根本就送不出去，如果白天将孩子托管于他人，甚至会被怀疑虐待孩子。

众所周知，美国的小孩子们下午3点就放学了，对于8小时工作制的职场妈妈们来说，如何能够做到天天请假，去接孩子放学呢？她们面对着方方面面的压力，身边的一切都在暗示着她们“妈妈最好亲自去接孩子放学”“不可以不去参加家长会”，否则就是不负责任的表现。这样就使很多女性被迫放弃自己的工作。对比中国社会会发现，一方面在中国的传统文化之下，老人们愿意帮忙承担起照顾小孩子的“使命”，另外保姆和家政也属于比较廉价，并且容易获得的社会服务，这一切对于美国的职业女性来说，堪称很难享受到的福利。

尽管拥有自己的强大支持系统，尽管各有各的平衡之道，但结合自己的切身体会和系统观察，杨澜还是有想法与天下女人分享。

2007年9月，杨澜在韩国举办的“世界妇女论坛”上发言，她结合自身经验，为那些忙到焦头烂额、累到气喘吁吁的职业女性同胞们支了三招：

第一，人不是累死的，是烦死的。做自己真正喜欢的事能量水平本身就比较高，加上从中得到乐趣，犹如火上添柴，即使身体累些也容易恢复。

第二，要有单纯而明确的目标，而且意愿要足够强烈。如果你真的想平衡，就一定能做到。如果你的目标是事业成功，就会觉得平衡是个麻烦，可如果你把平衡本身作为目标，达成的可能性也许就大大增加了。

第三，建立支持系统。谁也不是神仙，每天都只有24小时，你一定要适时发出求救信号，就像一棵树，根系越发达、养料越充分，就能长得越高。

这三招，与其说是女性的自救，不如说是对社会的反讽。当女性们的解放之路已经行进了百年之时，原来社会在许多层面上，从机能到心理都还没有做好应该具备的成熟应对。

在这样的仓皇中，平衡到哪一步就只有依靠男人和女人的智慧了。当然，让女人们不那么绝望的是，现实中确实存在着一批主动搭把手的另一半们，比如顾家好男人代表——黄磊。对于做饭，黄磊不是喜欢，而是酷爱，在家为太太和女儿做饭，不纯粹是表达爱的方式，而是作为男人一种特别的减压方式，同时还是炫耀自我的方式。做完饭，男人黄磊还不吃，就看着太太和女儿吃，他在旁边乐呵呵地喝酒，就两个字：开心！吃完了，喝完了，谁刷碗？太太孙莉又声明：我爱刷碗，这活我包了。两口子的配合天衣无缝，让杨澜大为感叹：太和谐了！

黄磊夫妇将家务处理得很平衡，有了孩子，两人之间的配合也没有失衡。当女儿多多年纪尚幼时，黄磊和妻子孙莉都接到导演赖声川的邀请，出演话剧《暗恋桃花源》，可如果两个人都投入没日没夜的排练和演出，孩子就没有人照顾，这个时候的黄磊表现出最 man 的一面，他把选择权交给了孙莉，并表示无论她怎样选，自己都绝对支持。后来，当孙莉决定不放弃演出机会的时候，黄磊动起脑子，重新安排了一家人的生活方式：他和妻子在家里架起 DV，自己走位自己排练，无论开车、吃饭，两个人都抓紧一切时间对台词，等女儿从幼儿园回家之后，黄磊负责做饭，孙莉负责陪练钢琴辅导作业，如果出去巡演就带着女儿。就这样，没有保姆，黄磊和孙莉也把孩子照顾得周全妥帖，一家三口其乐融融。

当台湾著名造型达人林叶亭来到杨澜和柯蓝面前时，也带来了她的“家庭式工作法”，既照顾好了丈夫和两个儿子，自己也悠闲依旧。早晨，林叶亭第一个起床，把老公和两个儿子装在车上，然后开到一个个地点把他们分别丢下去。把大儿子放在学校的时候顺便跟老师聊两句，问问儿子的在校情况，然后回到车里再跟老公聊聊天，把他送上班，最后再陪小儿子到幼儿园去吃个早餐。一路走下来，九点多钟回到家，她会看看新闻、化妆、喝咖啡，在闲适的氛围里开始一天的工作。“我在自己家里工作，家就是我的工作室，其实自己的生活可以是自己去想办法创造的啦。”

家可以是女性的大本营，也同样可以被开发成舒适的小“职场”，经济独立甚至并不一定是女性精神独立的充分条件，女性回归家庭也不意味着失去自我和自由，要知道，真正的独立和自主来源于精神与灵魂，来源于对自我身心的重视和爱护。谁说那些白天在职场上叱咤风云的女性，就一定没有“精神依附”的可怜毛病？谁说那些将家事打理得井井有条，用博闻广读与旅行、艺术将自己打扮得光鲜亮丽的全职主妇，就一定会被男人所厌弃？用辛劳捍卫自由，重要的前提是在哪里辛劳、有没有顺从自己的心声、换来的这份自由是不是自己所渴望。无论哪种方式，只有真正快乐自信的女人才会具有力量并发出光芒。

我们处在经济高速发展的社会当中，职场中的每一个人似乎都认同这样一件事——不努力就会被淘汰。当我们更全情投入职业角色中时却发现：由于我们对职业所代表的社会价值的高度认同，致使职业几乎在控制着我们的生活节奏、居住地域甚至是婚姻状态。因工作缘故而被迫分居两地的现代牛郎织女就是这一状态下的产物。与二三十年前基本上是男性在外打拼不同，越来越多的女性勇敢地追求属于自己的事业。也许是为了实现自己的存在感，也许是为了能够有更好的经济收入，也许是为了事业的长足发展，很多情侣在忍痛经历一个自觉的分居。但有数据表明，两地分居在夫妻离婚的原因中排第四位。

虽然两地分居并不是导致离婚的主要原因，但它至少在某种程度上加速了婚姻的结束，所以如何平衡家庭事业、掌控好自己的平衡转盘成了很多职业人的一大困扰。

被誉为“伤感情歌天王”的巫启贤同样也有这样的苦恼。巫启贤有个外号叫“劝婚王”。因为自己的婚姻、家庭太幸福，所以他总是忍不住劝自己认识的单身朋友尽早结婚，享受幸福的家庭生活。新好男人巫启贤有一套自己的爱妻理论：他认为打拼奋斗是男人的事情，太太不需要承担吃苦受累的义务，而且为了让太太保持优雅美丽，不让太太下厨做饭，名副其实的“把爱都给你”。近些年来，巫启贤的事业在大陆蓬勃发展，他选择在

18 岁的时候，你会被问到很多的问题，比如，下一秒，你想成为谁？就如并非每个人都能长得像姚明那么高，对这个问题，不同的人有不同的回答。问题是，在你还那么年轻、那么有生命力的时候，为什么不做自己、做更好的自己呢？

积极心理学家马丁·塞利格曼总结出幸福的六种品质：智慧与知识、勇气、仁爱、正义、节制、精神卓越。杨澜希望通过引进前沿学理上的科学成果，告诉天下女人们有这样一把“积极心理学”的钥匙，掌握好这把钥匙，掌握对生活的主动权，自己就能找到自己的幸福之路。

“爱情是一颗心遇到另一颗心，而不是一张脸遇到另一张脸……我们的心会改变我们的脸，而不是脸改变心。”

——苏菲·玛索

姚晨跟杨澜提到上大学时老师曾排过一个作业叫“人生四季”。她当时觉得这个题目好矫情，不过后来真的体会到每一段关系都有春夏秋冬。

北京长驻，而妻子习惯了在台北生活，以生活不方便为由多次拒绝了老公一起来北京团聚的建议。

带着自己对身在台湾的妻子和女儿的爱与思念，为了将支持系统——“妻子和孩子”搬到自己身边，这位自称为女儿的大玩具、好老公的第一人选的男人竟然使出巨狠无比的杀手锏，那就是直接打电话过去：如果你再不来北京的话，我就要交女朋友了。给你三天时间考虑，如果不答应就跟你离婚。老公的“绝情”令太太痛哭三天彻底崩溃，但不来北京的想法很快得到逆转。巫启贤特别高兴，回台北之后一见到她，就急忙以“下跪”的方式求得太太的谅解。这服药虽然下得猛，但好在结局皆大欢喜。

为求获得职业与生活的平衡，男人和女人各有招数。除了来自支持系统的力量，职场女性要想达到真正的平衡，还是要从调整身心着手，找到让自己彻底轻松的方法。心理学博士张怡筠在忙碌奔波的工作间隙，每天都会坚持一个调整自我的“小仪式”：与自己的内心对话半小时。注意，这并不是在做不着边际、浪费时间的无用功，因为这段对话时间包含了很多内容，比如“我今天有什么感觉？是不是过于劳累？我刚才为什么和老公吵架？我自己有哪些问题？”用张怡筠的话来说，这是她每天都要坚持的“打气时间”，在自己的力量被不断分散的同时，也能重新注入继续应对挑战的能量。另外，“一心多用”是女性学会“合理”分配时间的好办法，比如一边敷面膜、一边看电视、一边给丈夫打电话聊天，既“打赏”了皮肤，又积累了谈资，还增进了夫妻感情，值得一试。

职场上需要一次次挑战自我，我们不免在压力和自我驱动中“用力过猛”，这可以是初始的勇气，也可以是挫折之后的反思。比如演员秦海璐，在田沁鑫导演的话剧《红玫瑰与白玫瑰》中扮演红玫瑰，一个有着婴孩儿般心智的成熟妇人，为了找到符合角色的完美定位，经历了极其痛苦的一番自我挣扎，排练了 20 天，秦海璐怎么也找不到感觉，压力很大，天天回家关上门大哭。

当她一次次发现自己难以找到最准确的角色感时，这位狮子座 A 型血的女孩终于明白：原来是自己不会呼吸的生活让角色的创造也窒息了，每天忙碌于机械的工作安排，对生活却丧失了敏锐的感知。“我觉得我应该调整了，我要懂得去欣赏生活，我不能为了工作丢掉生活，我为什么要工作，就是为了好好生活。”不是 live to work，而是 work to live，甚至 live to live！“在国家大剧院首演的那天，我穿了两身新衣服，穿上旗袍的时候我跟导演说，我觉得自己特别漂亮，就突然间知道这个应该怎么演了。”秦海璐通过从生活中“找乐”释放了被角色绑架的自己。

调整自己的职业节奏，学会与生活调情，是女人最应该习得的本领。当然更重要的，是在疼痛之后擦干眼泪重新微笑的魔力，是从难以喘息的工作重压下抬起头来，大声告诉自己“要工作更要生活”的态度。说到底，这是成长给予我们的礼物，像套娃一般丰富、令人惊喜的礼物，一重接一重，让我们层层开悟。

一天，杨澜的儿子在餐桌上宣布他的开悟："爸爸是妈妈最粗壮的根，外公是最坚硬的根，外婆是最细密的根，还有我和妹妹，现在还太嫩，不过可以输送快乐！"

关于如何向孩子们解释妈妈为什么出差，杨澜也有了自己的开悟："没必要解释，只是和他们分享，'妈妈这次又遇到了一些好玩的事，说给你们听听吧！'"与其无端地焦虑，不如去精彩地释放一下自己，让孩子们看到，如果人生有梦想是可以大胆去实现的。

开悟后的老妖柯蓝并没有 live to live，而是 work to work，她决定放弃维持演戏和主持两边平衡的辛苦，于 2009 年初暂时辞去了主持工作，一溜烟去了《人间正道是沧桑》剧组。

如果说世界上存在成功，那也是一个支持系统的成功；如果说世界上有一种痛，那也是没有情感陪伴的痛。无论职业女性，还是家庭主妇，有了支持系统，谁都不会绝望！

THE HAPPINESS PROJECT

我们生活着的唯一目标就是做自己，

只有自己快乐了，

才能将快乐传播给他人。

做自己，于己于他，都是最具道德感的选择。

第四章

CHAPTER 04

快乐是一种道德

知之者不如好之者，好之者不如乐之者！世界上多一个自由的女人，就会多一个自由的男人；多一个快乐的女人，就会多一个快乐的男人。

活色生香，是对《天下女人》化妆间的准确描述。化妆师老黑每次都带着鲜花、香熏、音乐、茶水、咖啡、糖果（这些都是他自掏腰包！），还有剧组制片准备的葡萄、柚子、西红柿，油条、蛋糕、三明治……我们就在一片“鸟语花香”中开始化妆备稿，而更多的时候则是聊天八卦大笑忘形。这成了一道程序，更是一种享受。秋微把这事比作秋游，跟其他剧组炫耀过，引来跟风。但是他们学习得不够到位，把橘子如供果般累放，让人以为是在祭祀祖先！哈哈，殊不知，发自内心的欢喜使一切不同。

我们都有机会营造自己的心灵花园。幸福在于梦想的能力，有创造的能力，有感受的能力，也有分享的能力。就像小柯为《天下女人》幸福力项目谱写的《幸福花园》这首歌：“那一天我幻想有自己的玫瑰园，于是我种下它，在清晨的窗外面。在午后我静静地坐在花中间，微笑着送给你，把你的房间装点……”2000年，做记者的李旻果与德国生态学家马悠偶然相遇，一见钟情。他们逆着人流从城市走向乡村，在景洪的16亩土地上搭建木屋，开始了修复热带雨林的工作。他们在那里种满几十种兰花，在地上、在树上。每棵树、每根草，都散发着温暖的能量。他们带着两个女儿日出而作日落而息，过着简单的神仙般的生活。没有任何征兆的，男人突发心脏病走了，紧接着，一场山火把雨林烧成灰烬。李旻果没有时间崩溃，她必须接受。她相信生命如水，柔软而坚韧，幸福就是意识到自己还能够给予幸福。她一草一木地修复着花园，抚养着女儿们，甚至有了设计热带花园的新项目。有一天，女儿对她说：“爸爸没有死，他化身成了雨林佛，照顾着我们。”在孩子的心灵里，自有别样的花园，通透、光明。在《天下女人》2011年的幸福晚宴上，她激动地指着作为标识的四叶草说：“我先生曾对我说找到四叶草的人是幸福的，而我当时在草地上居然随便一指就发现了一个！这是我和他之间的秘密。今天见到，恍若隔世！”在心灵花园里幸福草永不枯萎。

人类从未像现在这么迅捷地满足感官愉悦。获取与占有，都可以在付出钞票时轻易完成，但每一次所带来的满足感以同样迅速的方式递减，促使我们再次出猎、捕捉、占有。物质极大丰富，而内心的空洞从未被填平。关于幸福我们有太多误解，比如我们没房时就觉得只要有房就会幸福；我们有健全的四肢，就想象残疾人的生活痛苦不堪。研究显示，无论是赢彩票的狂喜还是受伤致残的痛苦，都会在6个月左右慢慢趋于平静。原先幸福的，依然幸福；原先苦闷的，依然苦闷。

美国心理学家在20世纪60年代发现了“习得性无助”现象。他们多次重复在笼门打开的时候给小狗以电击，后来即使没有电击，小狗也会在笼门开启时倒地抽搐。坏消息是，同样的现象也出现在人类身上。有些人会习惯性地在遇到拒绝或失败时对自己说：“这都是我自己的错，我永远没希望了。”这种绝对化、持续化的消极思维方式会让人处于无助状态。好消息是，积极的思维方式同样可以习得，幸福是可以学习的能力，甚至由此形成的积极反应模式会改变部分基因，遗传给下一代。海蓝博士在提到“人生只涨不跌的投资是什么”时，就指出，这样的投资就是提高自己的幸福力。它包括三种能力：1. 放下过去的能力，不再为过去所受的伤痛感到怨恨、内疚、悲伤、悔恨；2. 面对现实的能力，包括对挫折的有效应对；3. 享受当下的能力，其中，找到自己的兴趣爱好，绝对是通往幸福的捷径。当你在欣赏一段音乐时如痴如醉，或者享受修剪花花草草的乐趣，抑或迷上了足球、网球、台球，电玩、魔方、万智牌……那种物我两忘的投入感，大概每个人都有过。

新蜂女子摩托车队的女子们一出场就带着帅气。她们当中不乏受过高等教育的工程师、企业家，当摩托车的马达轰鸣时，她们身上的激情就被点燃。一种在路上、走天下的自由与豪迈，让她们宁可面对山路、沙漠，宁可顶烈日、受酷暑，甚至甘冒受伤的危险。知之者不如好之者，好之者不如乐之者！世界上多一个自由的女人，就会多一个自由的男人；多一个快乐的女人，就会多一个快乐的男人。女白领们可以在业余时间参加越野摩托车队，男人们为什么不能做出一手好菜？过去人们说起上海男人做饭往往带着嘲讽，可今天一型男下厨，端出一席菜，打开一瓶酒，绝对是品味和才艺的表现。区别嘛，就在于前者是没办法，后者是有选择。黄磊喜欢烹饪，自己种了两盆迷迭香，给女儿做意大利面时就揪几片放进去。还种了两盆薄荷，出去参加活动时就弄瓶水，再放两片叶子进去，这成了一种生活方式。给女儿蒸个鸡蛋羹，也要把胡萝卜片切成一朵花，再撒上几粒葡萄干，要收服一个人的心，先收服他（她）的胃，对女人和女孩也照样适用。

今天生活方式的多元和人们对个性选择的宽容，让个人的自由空间大大拓展。20 世纪 90 年代中期我在美国留学时，同时选修国际新闻的一位美国罗同学显然对我很有好感。出外拍摄时他总抢着帮我拿器材，还常常在校园里“意外”地遇见我，殷勤地聊上几句。终于有一天他给我打来电话，邀我周末一起看电影。在美国文化里，这是明显的约会邀请。我虽然很想看这部电影但又怕人家误会，于是有点尴尬地说：“谢谢你的邀请！不过，你也许不知道，我已经结婚了。”十几年以后，秋微在《天下女人》的演播室里因此大肆调侃我一番。她的观点是，异性的好感是一份礼物，只要不突破道德底线，大可以好好接受。人家也没提出什么要求，不就是一场电影嘛！这个嘛，我好像还是比较保守。

我们今天的教育看上去如此发达，粗略地计算一下，从小学一年级到大学毕业，我们起码上过两万多小时的课程。请问其中多少教我们如何幸福？先别谈幸福，今天的中国男孩女孩们甚至不知道如何社交如何搭讪。如何有礼貌地赞美一位异性，并且诚恳地提出约会邀约，或者在遇到拒绝后有风度地离开，都成了学问。这不能不说是对教育的某种讽刺。这种教育的缺失催生了阮琦这样的社交培训师的职业。他在对男生的培训中总结出不少经验，比如：要与对方保持一臂距离，把自己身体的大部分面积和双手都要袒露给对方，建立安全感；不能一上来就问这问那，比如年龄之类，应该先把自己的信息告诉对方；要做好被拒绝的心理准备，即使被拒绝也不伤大雅；有幽默感的人会给人好感，但幽默不是刻薄地讽刺其他人；最重要的，是真诚坦然的态度。秋微显然在女性方面很有研究：可可 · 香奈儿说过，出门一定要把自己拾掇整齐，因为你不知会遇见谁；当你想吸引一位男士的注意，可以表现出需要帮助，比如拧不开瓶盖；对那些表示好感的男生表达善意，即使你没有交往的愿望，也尽可以给他留点面子！

摄影师陈曼可没有这么多花花肠子，她是个有啥说啥的北京大妞。我第一次跟她合作，就被她看毛了。她那双大眼睛，黑白分明，常常直直地盯着我看，不知道是在打量我的五官，还是在设计着拍摄角度，或者是琢磨我隐藏的秘密。反正如果一个人的眼光如此坚定而坦然，你能做的就只有面对，看回去。可她说：“杨澜姐是那种百变不离其宗的人，反正很好办。”等等，什么叫很好办啊？她说她拍照不以男人女人划分，不以好看不好看、年轻不年轻划分，而是去表达一种混合的气质，就像这个时代：过去的，未来的，妩媚的，侵略的，单纯的，诱惑的……这是一台戏，当然要好好看！她从中戏舞美专业退学，再次高考进入美院；第一次拍大片，回来一洗发现没影，只有求能说会道的老黑跟人家说“上次没把你最精彩的那面拍出来，如果再拍一遍肯定特经典！”哈哈！这姑娘自己研究中医，有时会在百会穴口扎着根银针就去工作了，不明白的人还上前帮忙：“哟，你脑袋上怎么有个线头啊！”她恋爱的方式也特别。在排队上厕所的时候看到一位中美混血的帅哥，中文说得特溜儿，就看上人家了，聊来聊去就定了终身。帅哥爱好滑板运动，北京大妞就挣钱养家，外带生两个孩子！别看她工作压力大，但每次见她都特有精神，穿着奇装异服，而且直眉瞪眼地朝人看！不知为什么，我一见她就开心！

当今天的女孩子变得越来越主动，男人们可有点不习惯。来到《天下女人》的男嘉宾常有手足无措的。陈建斌坐下不久发现面前坐着三个女主持人（我、柯蓝、张丹丹）就崩溃了：“天啊，这些女人要干吗呀？”她们问他怎么看上蒋勤勤的，老婆怀孕时他都做了什么贡献，还让他现场给一布娃娃换尿布。他的速度倒还不慢，就是另一只手一直掐着布娃娃的脖子——你在家这么换尿布啊！

更窘的是羽毛球双打奥运冠军蔡赟、傅海峰。这对被誉为风云组合的搭档，性格反差真可以用冰火两重天来形容。蔡赟外向、爱说，话匣子打开就关不上；傅海峰内向、安静，不喜欢社交。蔡赟说，你怎么不理我啊？海峰说，都挺累的，还要我强颜欢笑陪你聊？可把蔡赟憋坏了。其间两人也散过伙，各自找了新拍档，但分开之后才觉得还是老搭档好。现场主持人就来了一句："当你们又重新在一起的时候……"海峰大叫一声："我们不是谈恋爱，大姐！"我笑得喘不上气了！刘硕还锲而不舍地追问："你们最讨厌对方什么缺点？"蔡赟说："闷！"海峰呢？他脑筋也快："他老怪我闷！"全场爆笑，刘硕大呼："你们不仅适合在一起打羽毛球，还适合一起说相声。"那场访谈真的有点像说相声，平时不爱说话的海峰也一个包袱接一个包袱，什么决赛前夜夜不能寐，阿蔡怕影响他就躲在厕所里看书，他怕阿蔡知道影响了他就躺在床上假睡啦；什么夺冠时刻他倒地落泪就等阿蔡扶他起来，阿蔡却一个人绕场一周跟观众互动去了！真是大活宝——唉，海峰的小名还真叫阿宝！

今天的我们太需要释放自己了。那些内向的人，往往因过于在乎外界评价而害怕失败，人民即兴公社这样的即兴戏剧社团可以帮助他们找到释放本性的快乐。他们有很多种游戏，比如一人可以任意想象自己是某个时代的某个人物，另一人就要陪他演下去；一演才发现可以放下架子，打开想象力，而且学会观察、倾听、了解。更妙的是，即兴无所谓成败，因为它是个游戏。有个小游戏是无论玩伴送给你一件多恶心的想象出来的东西，比如一只死老鼠，你都要先接受下来，并找到接受的理由，比如可以转送给老板！还有个游戏是一个人用"不幸的是……"开头造句，另一个人必须用"幸运的是……"造下一个句子。接纳和换个角度思考的能力，会改变我们与人交往的模式和对环境的看法。是不是很有趣?

幽默，在西方文化中，是一个人与正直、善良、智慧同样重要的品性。常常听到一个女孩在形容自己爱上的男孩子时，说：“他能让我发笑。”在东方文化中，却很少听到父母跟女儿说：“要嫁，就嫁给一个有幽默感的。”严肃正经似乎是成熟稳重的象征，可是生活已经够沉重啦，笑是拯救我们的力量。在《天下女人》的演播室里，总是笑声不断，拿自己开涮或彼此调侃，是我们的常态。中国国际广播电台的主持人喻舟来做嘉宾主持时，李艾就给大家讲了一个喻舟的段子：因为主持早间节目的缘故，电台主持人往往需要早晨四五点钟就起床，有时起晚了，顾不上梳头洗脸，披件袍子就出门打出租车。一天，在幽暗的路灯下，只见喻舟素面朝天，睡眼惺忪，长发遮住半边脸颊，拦住一辆出租车，说：“快，去八宝山，天快亮了！”(国际台办公楼在八宝山。)

快乐并不一定要花很多钱。小娟和丈夫黎强组了个乐队叫“山谷里的居民”。两个人就住在京郊的村庄里，没钱的日子里用馒头蘸红糖是一顿饭，馒头蘸白糖又是一顿。用牛肉干和可乐把婚宴就办了。牛肉干太咸，可乐又不够喝，大家就喝自来水。一个女伴把小娟的长发盘起来，插上一根红筷子，就算是新娘妆了。没有钻石戒指，小娟说她在乎的是眼神里明亮的东西。在宁静闲适的氛围里，信手拈来即是音乐，比如暖气上挂着一条农村的大花被单，《红布绿花朵》的旋律就在一个早晨出现在小娟的脑海里。

快乐，不妨突破一些边界。沈小芩 80 年代曾以演唱《请到天涯海角来》

和日本电视剧《血疑》的主题歌而红极一时。直到今天她的状态都棒极了，健康的小麦肤色，紧致的身体线条，还有周身散发的能量！她说人到中年，又是人生的黄金期，既明白自己想要什么，又有了善解人意的雅量，更能享受工作和生活的乐趣。在中国版的音乐剧《妈妈咪呀》中，沈小芩出演谭雅，一位风情万种的中年妇女。谭雅在剧中面对一位钟情于她的年轻男子，唱起一首歌："你妈妈知道这事吗……如果你尚不解风情，我很愿意教教你，但是，你妈妈知道吗？"两情相悦，男人可以找年轻女生，女人找个比自己年龄小的男人又有何妨？美国的服装设计师 Vera Wang 不是就在离婚后找了一位比自己小 20 岁的男友？当年她因为买不到称心的婚纱而自创婚纱品牌，怎么就不能再为自己设计一件呢？

做自己，最快乐，拥有让自己快乐的能力，才能将快乐传播他人，幸福也是同理。女人，要对自己负责，作为独立的个人，安顿好自己的身与心，笃定选择，快乐前行。

——朱冰

对自己的快乐负责

No matter what they tell us

无论他们如何告诉我们

No matter what they do

无论他们对我们做什么

No matter what they teach us

无论他们教给我们什么

What we believe is true

我们坚信的才是真理

No matter what they call us

无论他们如何称呼我们

However they attack

无论他们如何诋毁我们

No matter where they take us

无论他们把我们带到哪里

We' ll find our own way back

我们将找到自己回来的路

I can' t deny what I believe

我不能背叛我的信念

I can' t be what I' m not

我不能虚伪地活着

2010 年 11 月 11 日，杨澜和她的两位搭档——中国大美女李艾和韩国大美女赵守镇以 Boyzone 的经典曲目《No matter what》将《杨澜访谈录》10 周年盛典推向了高潮。杨澜身穿黑色燕尾服，摩登帅气、利落酷炫，以浑厚性感的女中音精彩演绎了 40 版本的特立独行，也是以这样的做派致敬自己的 2010：20 年媒体从业历程，《杨澜访谈录》开播 10 周年。

42 岁的杨澜传达出一种货真价实的快乐，为现在的自己，为现在的所有。15 年前，杨澜曾以《好孩子》一文，祭奠自己迟到的青春期：你低头怕什么？哦，是身上的新衣。你不必害怕弄脏它，妈妈更疼爱自己会洗衣服的孩子。是的，你会饿，会渴，会摔跤；你会怕，会冷，会哭泣；但你会健壮，会坚强，会唱，会跳，会叫，会哭，会关心。25岁开始的逆生长，突然让杨澜有一种破茧的感觉，让她终于找回了自己的快乐，而不是一味按照他人眼中的好孩子标准扮演着“好孩子”杨澜，她要做回“自己”的杨澜，因为这样的快乐才是最道德的，对自己负责，也对别人负责。正如歌词的强悍：无论他们把我们带到哪里，我们将找到自己回来的路。

走自己的路，是杨澜的独立；让她们走她们的路，又是杨澜的清醒。女孩们开始不怕弄脏自己的衣服，但也不一定要脱掉自己的衣服。2011年，制造“好女孩上天堂，坏女孩走四方”经典名言的前美国《时尚》(Cosmopolitan)杂志主编海伦·布朗离世，这位特立独行、纵享人生的时尚鼻祖带走的只是时时变幻的时尚荷尔蒙，但是她在20世纪60年代的这句名言依然在挑逗着商业中国女孩们的心思。究竟何谓好女孩，何谓坏女孩，杨澜无意从道德层面去区分和定义，但是有一点很重要：做自己，做最好的自己。

中国女性在历史的纵轴上，一直以她们为家庭奉献牺牲的价值来界定自我，无论是以夫为荣还是以子为贵。所有母亲或妻子的形象往往是忍辱负重、牺牲梦想，一针一线熬成了烛边的白发。而从社会的横轴来说，今天的女人有更多的机会做自己，但是在物欲横流的社会她们似乎又被物质绑架了。把选择权掌握在自己手里，通过自己的青春和姿色去主动寻找物质阶梯上的捷径，时常见诸报端的这些当代女性，其实只是让自我成了另一个人的附庸。

海伦·布朗则有自己传奇辉煌的职业道路，给女孩子们指明了一条找寻自我的方法。家境贫困辍学后，海伦·布朗做过打字员、陪酒女郎，接着做了一连串秘书工作——这些让她可以得到养活母亲和残疾姐姐所需的金钱。当她清醒地认识到自己所具有的创意写作才能后，就改行做广告文案，在丈夫大卫·布朗的支持下，出版了自己的首部作品《性与单身女郎》，以惊世骇俗的观点在美国社会引发了一系列的“海伦效应”，那就是“女人一定要完完全全把握自己的欲望”，享受拒绝的权利，更懂得如何取悦自己。以不惑之年，她零经验接管《时尚 COSMO》一直到 70 多岁成为 COSMO 全球版权终身主编，将濒临破产的边缘杂志经营成全球发行版本最多的顶级刊物，海伦·布伦式的女性主义体现在世界 64 个版本 COSMO 杂志的每一页。只有做回自己，恣意畅游在自己的快乐里，才是高质量的生存。

这样的觉醒对于女性的心智发育尤为重要。2011 年 9 月 14 日，亚太经济合作组织（APEC）妇女和经济峰会在美国旧金山开幕。特别受邀担任开幕式主持的杨澜与国际货币基金组织首位女总裁拉加德进行对话。在杨澜和拉加德短短半个小时的交谈中，我们看了 IMF 领导者在经济和政治事务之外，那颗坚强又柔软的内心，看到了她在国际舞台上一路走来面对挑战时的心态和果敢。

拉加德出生于法国巴黎诺曼底地区，和杨澜一样生长于一个教授之家，自小就接受了父母给予的纪律教育。上中学期间曾入选花样游泳队，拉加德开玩笑说，她非常感谢这段经历，让她学会了如何在必要的情况下屏住呼吸。但拉加德并未彻底学会屏住呼吸，而是尊重自己的内心，在留学美国后选择了法律，并加盟了美国贝克·麦坚时律师事务所法国分所，成为有名的反垄断法和劳工法律师。这个选择对她后来从众多竞争者中脱颖而出、顺利执掌1万亿美元的国际货币基金组织至关重要，从此拉加德开创了“她经济”时代。在对话的结尾，杨澜请拉加德这位“过来人”给年轻的女性一个赠言，拉加德的话更是和她的行事作风一样干净利索——“女孩们，你能做到！”

也许，在一个依靠男权规则运转的国度，女人个性的奔流只能逆行而上。用热情和执着成就梦想是时尚集团总编苏芒的生存方式，她被誉为“中国时尚界女魔头”。

要想知道苏芒在时尚界的权威有多大，一次被以讹传讹的玩笑足以证明。当时是一个访谈节目，苏芒打趣自己的老板，说他长年开着有加热功能的宝马，就不用穿秋裤了。于是慢慢地，“苏芒说时尚的人都不能穿秋裤”被交口相传，一时间年轻人都觉得穿秋裤成了最落伍、最老气的标志。而这个在时尚界呼风唤雨的“女魔头”苏芒，却是15岁就考入中国音乐学院古筝专业的少年大学生。在音乐上极具天赋的苏芒，面临毕业找工作的选择时，却毅然抛弃音乐，选择文学，因为她知道文学才是她内心深处的喜爱。于是苏芒找到了当时还在创刊阶段的时尚杂志社，主动和当时的主编说“只要让我写字，我干什么都可以”，就这样，苏芒进入了还挤在一个小平房里的时尚杂志社。除了写文章外，她还要拉广告、催款、做饭、打杂，但是苏芒觉得异常幸福。

10 年后，苏芒心中有一个想法渐渐萌发：做一份自己心中的杂志。苏芒想做一份面向男士的时尚杂志，这在当时可谓是破天荒的想法，这个想法从策划初期就遭到了领导以及美国总部的反对，最后苏芒用“不加人不加钱，我自己做”的条件换得了领导的同意。这才有了现在中国商务人士阅读量第一的《时尚男士》。

女孩们要做回自己，有时候遇到一个靠谱的男孩很重要。著名央视新闻主播徐俐就经常被问到一个问题：“你比你先生有名多了，会不会觉得自己嫁亏了？”徐俐总是回答：“我太不亏了，我赚大了。”徐俐的先生是从事媒体工作的同行，在她看来，自己和丈夫除去性别和名字不同，就像是两个相同的人。他们有共同的爱好和兴趣，所以时常能玩在一起，徐俐到现在都甜蜜地喊先生“哥哥”，先生管她叫“丫头”。谈起女主播的工作，徐俐形容这看上去光鲜亮丽的工作，实际是一场挑战极限的战斗，时常播出前几分钟才拿到紧急头条，需要一个字都不能错地播出。而徐俐，便是在这样挑战极限的工作中，感受到了充分的快乐。

生活中的徐俐也喜欢挑战，2008 年她决定和先生一起去青藏高原上的梅里雪山徒步转山，在海拔 5000 米的雪山上，云雾缭绕，底下一片雾瘴，徐俐在前面走，边走边呼唤丈夫“哥哥你在哪儿？”，丈夫回答“你别回头，我就在你后头”，两个人就这样相互呼唤着，一前一后走出了雪山。事后，徐俐把这段十几天的转山经历写成了《垭口》，在她看来每一个山都有一个垭口，过了垭口等于完成了一段旅程，而这段旅程是否幸福全在于如何选择。如何获得幸福？徐俐的答案就像她的新闻播报一样利索干脆，她说“选择好自己，才能选择幸福”。

做自己，有危险，因为容易招致别人的不快乐，但如果这种快乐无害于他人，一个人的勇气也足够抵挡这一切。有着“中国京剧第一女老生”之称的王珮瑜，被杨澜亲切而尊敬地称呼为“瑜老板”，在“瑜老板”的京剧生涯中有过两次做自己的艰难决定。第一次是她弃旦从生，决定以女儿之身去学习老生，成了上海戏曲学校老生班里唯一一个女孩，因为她的理想就是有朝一日能挑大梁挂头牌。唱老生使得王珮瑜必须长年做中性打扮，远看上去雌雄莫辨，甚至连上厕所都会造成误会。可是她就是不顾周遭的眼光，埋头刻苦训练，在刚刚20出头时便赢得了“瑜老板”的称号。一头利落短发、一件衬衫、一条领带，走在街头，她就是潮人一个；站在戏台上，她却是从春秋到明清、游刃有余穿越几千年的“老男人”。“瑜老板”第二次做自己，是她想要用最时尚的方式来演绎最传统的京剧艺术，为此她顶住外界压力，做出无数次尝试：将京剧与爵士融合，把相声与评书和京剧元素放在一起碰撞，在水墨丹青里上演《赵氏孤儿》……

挑战令人不安，但为了得到内心的安宁，女人们愿意去经历挑战。如果看见张岩本人，绝不会有人猜到她的职业竟然是让无数男人都望而却步的赛车手。外表美丽性感的张岩，最初的工作和杨澜一样都是主持人。然而主持人的工作满足不了张岩对于刺激和挑战的渴望，于是她毅然辞去了这份在外人看来光鲜亮丽的工作。张岩曾经在一次京港赛道的比赛中遭遇刹车失灵，赛车被大风吹起，呈90度角贴在赛道边沿。那时如果后面有任何一位车手驶过，张岩一定会被挤扁。然而面对杨澜是否感到后怕的提问，张岩给予了否认，她说不会后怕，虽然危险，但“挑战”是不断追求极限人生的一种态度。张岩告诉杨澜，赛车生涯给予她的是绝对的自控力和自我挑战，因为他人是控制不了的，把自己把握好了，事情往往就成功了一半。如果女人活一辈子不去做自己想做的事情，只是为了一份工作或者是一份家里的愿望，人生短短几十年就没什么意义。

我们生活着的唯一目标就是做自己，只有自己快乐了，才能将快乐传播给他人。做自己，于己于他，都是最具道德感的选择。虽然做自己是一场漫长的战争，但是今日已然是一个越来越自我的时代，无论女孩、男孩，他们享受着做自己的快乐，也开始思考这样一个问题：做自己，也要兼顾亲人的感受。

特别节目《毕业季》中，最动情的亮点，就是在即将踏上新的自我奋斗征程的前夕，女孩、男孩们对父母告白。这群中国人民大学2007级统计学班的毕业生们来自五湖四海，他们用各地方言表达着内心对亲人真挚的情感。

“爸爸妈妈，我爱你们。”

“外婆，我也想像以前你温暖我一样，把你的手放在我肚皮上来温暖你，然后你一定要活得长长久久地等着我回来，好吗？”

“老爸老妈，这么多年你们一直在供养我们姐妹三个人上大学，真的很辛苦。希望你们以后对自己好一点，多为自己而活。”

“我有我自己的梦想，但是你们也是我梦想的一部分，我会好好努力，有一天我一定会回来。”

……

毕业时分，原本一条笔直、简单的道路会忽然出现很多分岔，可能会让人觉得恐慌。如同毕业一样，生活中也可能会出现这样那样的选择，以前的年代人们因为没有选择而痛苦，现在因为选择太多而痛苦。而面对所有选择，有一个最简单的办法：做自己，最快乐。对自己负责，对自己的快乐负责，让我们快乐地去爱他人，爱这个世界。

* * *

敲幸福的门，或者破门而入

2008 年，在德鲁 · 吉尔平 · 福斯特就任哈佛大学首位女性校长的第二年，她接受了杨澜的专访。虽然哈佛大学向来以自由主义精神著称，但作为历史学家出身的福斯特对于年轻学子们追求的自由却保持了警惕，“现在的很多大学生都有着想要成功的压力，但是他们对于成功的理解很狭隘。我觉得我们有更多的自由去进行探索，所以我总是鼓励我的学生，在哈佛大学享受这种自由，而不要只是沿着一条标好的路线，一路往前冲。就像我在今年对入学的新生说到的那样：冒点险，去上几门自己从来没有接触过的课程，充分利用哈佛丰富多彩的课程、博物馆、收藏品、图书馆、机会等，来让自己的工作和学习国际化，来丰富和充实自己”。似乎是福斯特的话音刚刚落下，中国领先的门户网站网易就于 2010 年推出了来自哈佛大学、牛津大学、耶鲁大学等名校的公开课，内容涵盖人文、社会、艺术、金融等领域，与《商业领袖和企业家》

《房地产金融学》《编程方法》等热门的课程相比，一门由名不见经传的教授泰勒·本·沙哈尔博士讲授的《幸福课》引起了杨澜的很大兴趣。基于积极心理学框架之上，以幸福为名义开设的这门课程在哈佛听课人数竟然超过了王牌课《经济学导论》，这让她对福斯特倡导的以塑造人格为主的通才教育深以为然。

我们越来越富有，可为什么还是不开心呢？早在2007年，《中国青年报》就开始关注哈佛大学开设的这门《幸福课》，记者董月玲和张开平在文章中提出了这样一个少有人关注的问题，并列出了一组触目惊心的数据资料：在美国，抑郁症的患病率，比起20世纪60年代高出10倍；抑郁症的发病年龄，也从20世纪60年代的29.5岁下降到今天的14.5岁。而许多国家，也正在步美国后尘。1957年，英国有52%的人表示自己感到非常幸福；而到了2005年，这个比例下降到36%。在这段时间里，英国国民的平均收入却提高了3倍。“人们衡量商业成就时，标准是钱。用钱去评估资产和债务、利润和亏损，所有与钱无关的都不会被考虑进去，金钱是最高的财富。但是我认为，人生与商业一样，也有盈利和亏损。具体地说，在看待自己的生命时，可以把负面情绪当作支出，把正面情绪当作收入。当正面情绪多于负面情绪时，我们在幸福这一‘至高财富’上就盈利了。幸福感是衡量人生的唯一标准，是所有目标的最终目标。”沙哈尔博士关于幸福的论述让杨澜产生了更大的共鸣。

2007年至2010年，杨澜连续三年发起“职场女性榜样评选”活动，意图通过那些工作并快乐着的职场女性代表，关注都市女性的生活状态和精神状态。时间到了2011年，有一个新的命题放在了杨澜的面前：评选出的职场女性代表都是在各自专业领域做出杰出成就的人物，但是很多女性认为，她们不可模仿也无法学习，因为并不是所有的女人都一定要成为事业上的佼佼者，而且大多数人也成为不了，所以对她们而言，有一个更为平衡的生活、有一种更加幸福的生活状态比什么都重要。在职业成就与活得幸福之间，她们迫切需要的又是怎样的一种营养？为此，杨澜找到了零点研究咨询集团的董事长袁岳，请他进行相关社会调查，研究女性的第一诉求是什么。调查表明，男性往往把社会意义上或者职业上的成功作为他们人生的第一诉求，相反，女性通常会把幸福感放在第一位。而女性对于幸福和不幸福都比男性有更大的敏感性，也就是说女人更容易有幸福感，也更容易失去幸福感。这样的调查结果坚定了杨澜建立一个系统来关注女性幸福的决心，幸福是每个人的主观感受，就好像有人爱吃红烧肉，有人爱吃臭豆腐。根据女性天生的被动和等待心理，幸福似乎又是一个通过外力才能实现的目标。是否有一个标准，可以衡量幸福？是否有一个方法，可以将幸福化作行动，让女性主动地拥有幸福？杨澜与心理学家、毕业于美国乔治亚理工学院(Georgia Institute of Technology)取得心理学博士学位的张怡筠沟通，决定以“幸福力”为概念，启动“女性与幸福力”的工程。所谓幸福力，就是在每个人不同的幸福状态里，那个唯一的同一的元素：我们获得和传递幸福的能力。2011年初始，杨澜在微博里号召天下女人“如果幸福还没有来敲门，咱们就去敲它的门。或者，破门而入！”“获得和传递幸福的能力，我琢磨就该叫‘幸福力’。它既是一种意愿，也是一种可培养的能力。现在全社会都在讲幸福，幸福是一种状态，而幸福力是行动。”

2011 年 3 月 8 日，国际妇女节迈向了第 101 个年头。在这个对女性而言特殊而又美好的日子，由杨澜发起的中国女性“寻找幸福力”活动，在北京举行了盛大的启动仪式。陈红、李霄云、秋瓷炫等多位女性嘉宾现身启动仪式，和杨澜分享幸福心得。“寻找幸福力”活动先后分“幸福梦想”“创造幸福”“感受幸福”和“传递幸福”四个部分陆续开展，以象征幸福的四叶草为 Logo，四个叶瓣代表因人而异的幸福元素。杨澜将自己的四叶草叶瓣解读为：健康、自由、爱和希望。

随后，2011“寻找幸福力”开展了一系列走进校园的活动，杨澜、张怡筠、毕业于哈佛大学的心理学家岳晓东博士相继来到北京的各大高校，向年轻学子们推广“幸福力”概念。岳晓东教授开口第一句话便是“来到女子学院，幸福得都不好意思了”。现场杨澜提出一个许多女学生都关心的问题：“如何获得幸福的爱情”，岳晓东用一句英文回到：Don’t look for the right person. Be the right person.（爱不是寻找一个合适的人，而是做一个合适的人。）最后杨澜鼓励学子们：我们都曾经在年轻时候因为对未来的未知而感到恐惧，但二十年之后会觉得今天做的事情，也许是对未来有很多帮助的事情。

2012 年微博世界里最幸福的女人，莫过于李小璐。贾乃亮在影视颁奖盛典上当着众人，满怀爱意与浪漫的一跪瞬间传遍了网络，几乎让李小璐成了所有女人“羡慕嫉妒恨”的对象。17 岁时李小璐便凭借电影《天浴》，成为金马奖最年轻的影后，那时的她在接受访问时，曾用短短两分钟就写下三个人生愿望“拍一部轰动的电影、过一个浪漫的人生、做一个成功的女人（像妈妈一样）”。在那之后随着慢慢成长，她却发现，这三个愿望需要用一辈子来完成，尤其是如何去做一个成功的女人。李小璐说她从自己妈妈身上沿袭到勇敢去追求理想的力量。李小璐的母亲张伟欣是 20 世纪 80、90 年代最有名的电影明星之一，80 年代末事业如日中天时选择赴美留学。尽管那时候李小璐刚满 6 岁，但是她说自己一直理解妈妈的选择，因为去美国学电影是妈妈的理想。而对于李小璐来说，成功的概念除了演艺事业，还有婚姻。她说在 20 多岁时觉得婚姻离自己很远，可是如今 30 岁，尤其在拍过那么多家庭剧之后，她对婚姻充满向往。虽然不想给当时还是男友的贾乃亮压力，但是她还是聪明地主动释放出讯号：我准备好了。面对即将来临的婚姻，面对未来可能有的宝宝还有家庭生活，李小璐非常高兴地表示：“要享受你的每一刻，享受现在、享受单身、享受恋爱、享受结婚、享受孕育、享受生完了宝宝接下来的各种痛苦。”

2011 年 5 月 25 日，奥普拉 25 年的谈话节目《奥普拉脱口秀》落下帷幕，她的官网不再有节目的更新，永远留下的是那句：“Live your best life.”（活出精彩人生。）作为同行，杨澜心有戚戚焉。主持人能领略人间百态，是一份非常幸运的职业，然而奥普拉从被侮辱和被伤害的社会底层，通过自己的努力获得成功，在节目内外播撒爱和勇气的力量，则是超越职业的不凡之处。“你的幸福不是别人的责任，而是你自己的事”，成为奥普拉赠予女人的最励志的经典名言。

2011 年“幸福”一词满天飞，除了“寻找幸福力”活动的影响之外，还因为中央电视台的热播大戏《幸福来敲门》。剧集的主演蒋雯丽和孙淳，跟杨澜一起讨论如何才能成为幸福的夫妻。在蒋雯丽看来，在找寻你的另外一半时，大家总想着找到你最合适的人，其实是你要做一个合适的人，调整自己来适合家庭、适合对方。孙淳也赞同，两个人有很多共同的回忆是非常好的。比方有人形容两口子过日子就是勺子和锅的关系，免不了碰碰撞撞，但关键是炒这盆菜。共同记忆有好的，也有不美好的，关键是你们俩携手走过去了。

幸福不是从天上掉下来的，而是从自己心里长出来的。具有幸福力，就好像要使得自己的心中开出花来，这样才会有蜜蜂来。幸福的夫妻不是强迫对方，而是尊重对方，按照对方接受的方式去爱他，这样的爱情才是幸福和健康的。杨澜在博客里与大家分享自己发明的“幸福公式”：

> 幸福 = 当下快乐 + 未来快乐
>
> 人生多变，既不能只顾及时行乐，而忘了未雨绸缪，也不能为了实现未来的目标，而从现在就开始做苦行僧，应该让两者适当相加，

使自己更容易幸福；

幸福＝正面情绪—负面情绪

我们需要不断培养自己正面的情绪，尽量减少负面的心情，虽然人生不可能尽是如意之事，但仍需努力平衡，使自己更积极地对待生活；

幸福＝快乐×分享人数

要学会将自己的快乐与亲人和朋友分享，使这个幸福感扩散，带给更多的人快乐和积极的态度；

幸福＝能力÷期待

我们需对自己的能力做出评估，对未来的预期目标进行控制，莫要强求自己。

2011年12月17日，杨澜领衔举办了盛大的“幸福晚宴”，为本年度“寻找幸福力”活动进行了完美收官。在这次晚宴中，电视记者闾丘露薇、公益律师郭建梅、残疾人手语主持人姜馨田及其母亲、影视明星刘嘉玲荣获“幸福力女性人物奖”。被誉为“战地玫瑰”的闾丘露薇在获奖感言中说起，在阿富汗战火摧毁的村庄里，她看到一位老人手里握着一枝玫瑰，悠然享受午后的阳光，也在利比亚听一个女学生举着自己主办的报纸谈论媒体理想，这些让她感受到幸福的另一层意义。幸福力晚宴的一个环节：评选最具幸福力

两个60后的女人——杨澜与刘嘉玲在不同的领域中锻造了同样的精彩。经过时光打磨之后的女人，可以平淡地论及流年，宽容地谈起过去，而不必有任何执念与挂碍。

杨澜的雅、赵守镇的辣、李艾的靓，恰到好处地融合在一起，为节目带来了质感不同的趣味、来路多样的智慧。不过一旦美食当前，所有女人的表情就会很相似了吧。

再坚硬的男人，一旦谈起自己生命中最重要的女人，也会自然地柔软起来。甄子丹谈起他的太太，一下子就“暴露”了银幕狠角色的铁汉柔情。

杨澜“埋怨”说，以赵老师的身份，去参加各种娱乐选秀节目，作为弟子，她深深地不愿意。赵忠祥老师却一脸无奈地说：“你以为我乐意？我也不乐意。”原来，他也有自己的一番苦衷。

的夫妻，除却他们的精彩发言，吴征更是当场以 44 斤大米的象征手法展示了本年度幸福的减肥成果，让杨澜大呼“有压力”。

2011 年末，两个幸福指数奇高的女性亮相“幸福力特别节目”：海蓝与龚琳娜。杨澜和海蓝的结识颇有一番机缘，2008 年海蓝正在美国最大的心理健康中心（Centerstone）移民部担任身心健康顾问，汶川地震爆发，海蓝毅然回国前往灾区进行灾后心理辅导。巧合的是，当时资助海蓝等心理医生前往灾区的正是杨澜创办的公益慈善组织阳光基金，不过当时海蓝和杨澜分散在灾区的不同地区进行救援，并没有遇见。此后，海蓝动员丈夫、孩子，将自己的家搬到了四川，带领“心灵守望计划”心理援助团队驻扎四川长达 3 年。直到 2011 年，海蓝返回北京，此时的杨澜也在推广致力于女性幸福的“寻找幸福力”计划，这才有了海蓝和杨澜的相识。后来，海蓝也成为杨澜节目的常客，帮助她一起推广“幸福力”，号召女人们要自己去寻找幸福。

这期特别节目一开始，杨澜便抛出了一个值得思考的问题：我们每一个人从小就被教育要获得幸福，然而如何获得幸福却又非常缺少资讯。简单地测算一下，如果说从小学一年级开始上学，到读完大学本科，在 16 年的过程当中，我们大概学过 2 万个课时。但是，回顾一下有哪一个小时、有哪一节课是告诉我们如何获得幸福的吗？答案是没有。我们如此熟悉的一个“幸福”概念，却又如此地陌生。同样的情况下，是不是有些人会比另外一些人更快地获得幸福感。海蓝博士通过一个现场小实验，告诉大家获得幸福力的第一步：关注幸福。生活中我们很多人都是盲目的，尤其是需要对付琐事的女性，往往只会关注某些局部的事情。其实幸福和我们关注什么很有关系。关注幸福、关注生活当中美好的东西正是幸福的前提。杨澜向大家推荐积极心理学家马丁·塞利格曼总结出的幸福的六种品质：智慧与知识、勇气、仁爱、正义、节制、精神卓越。这六种品质是不同的宗教和文化所共通的，并且和我们人的品性直接相关。杨澜希望通过引进前沿学理上的科学成果，告诉天下女人们有这样一把“积极心理学”的钥匙，能够打开我们心灵的密码，释放出内在的能量，我们自己会找到自己的幸福之路。

2011年9月9日，当赵守镇成为幸福的新娘子时，杨澜亲自担任主婚人，李艾作为伴娘，好姐妹加好搭档，她们共同见证了赵守镇、尼克的幸福牵手。值得一提的是，这场名为“我盛大的韩国美国中国”婚礼，几乎是新郎尼克一手包办的。这位来自美国东北部New Hampshire州，被赵守镇戏称为“美国农民”的哲学博士也将他实用主义的婚姻观推销给了中国观众。为了婚礼的有序进行，认真有加的尼克甚至写了10页纸的中英文婚礼流程脚本；为了不超出“3万元人民币办婚礼”的预设标准，准新娘赵守镇几乎跑遍了北京的批发市场采购婚礼用品——8块钱一卷的丝带，36块钱一束的捧花；就这样，在新郎新娘的顽强自助和众多朋友们的帮助下，这场承载了三个国家文化因子的盛大姻缘顺利缔结，漂泊异国17年的韩国大美女守镇终于收获了一个完美的情感归宿。

聚合离散，又是一年。年末，杨澜在微博上晒出了一番感言：虽然我不能选择出身，我还可以选择人生；即使我不能改变环境，我还可以选择离开；如果我爱的人不在身边，我就出发找他回来；也许悲哀、绝望、死亡都无可避免，但我相信喜悦、希望、生命与之同在，这就是我存在的证明。

虽然末世的氛围悄无声息弥漫四方，但幸福的气息更加无所顾忌地到处游荡，是否末日有那么重要吗？重要的是当下我们一起快乐地活着。

* * *

THE HAPPINESS PROJECT

一种对行走的向往、一份说走就走的勇气，

其实是一种选择的自由。

拒绝被成见或常规所约束，

在与自然的会话中找到内心更真实的自己。

第五章

CHAPTER 05

灵魂私生活

远行是为了回归，自由是因为牵挂。

400 年前，22 岁的徐霞客“自宁海，出西门，云散日朗，人意山光，俱有喜态……”开始了长达 30 年的游历。在一个学而优则仕的时代，是什么让徐霞客选择独立行走？在虎狼夹道、盗匪出没的旅程上，他不害怕、不孤独吗？山在那儿，水在那儿，他的无可救药的好奇心和探究精神，到了“闻奇必探，见险必截”的程度。在广西为了探索一个石洞，他竟然从一条横卧的巨蟒身上爬过去！朝碧海而暮苍梧，晚上，他燃松拾穗走笔为记，留下真文字大山水，被李约瑟称赞“不像是 17 世纪的学者，倒像是 20 世纪野外勘测家的记录”。那份开阔与孤独，属于行者。不过，古来的行者几乎都是男性，好男儿志在四方嘛。

300 年前，一位叫作安芬秀的欧洲女性，女扮男装，装成海船上的服务员，越洋旅行。今天，行走已成为更多女人的生活方式。

20 多岁的张小砚萌发了去西藏的想法。身上只带 83 块钱，买了一辆摩托车，孤身一人上路，71 天行程 17000 多里。她曾经在丛林里遭遇吸血蚂蟥像小雨一样落在身上，但不能停下来摘，因为那样只会让你在蚂蟥区待得更久；她也曾从摩托车上被狠狠地甩下，撞上桥侧的铁链，差一点翻落雅鲁藏布江；她还曾经用打台球的三脚猫功夫在山穷水尽时赢得几十块继续上路。她喜欢一切未知的人与事，远行是她对格式化的教育与教化的叛逆。她最喜欢的书是《树上的男爵》，一个逃到树上生活的贵族。人生苦短，为什么要那么顾忌世俗的规矩？况且它们根本就不在乎我们！

王蕾是个按规矩长大的北京女孩。不同于中学辍学的张小砚，她从清华大学和美国北卡罗来纳大学计算机系毕业后，在美国一家大公司做工程师。有一天她看了一部纪录片《乔戈里峰上的女人》，讲的是 2004 年以前世界上共有 5 名女性爬上那座山却无一生还的故事。一个念头进入她的头脑且挥之不去：去登山。从此一个只有爬北京香山经历的白领女性，开始了艰苦的训练，跑马拉松时她超过了一位选手，正在得意，回头一看是 70 多岁的老妇人，而教她攀岩的老师已经 80 岁，还有一位山友是癌症患者，许多原先认为不可能的事，还有那些有形无形的“规矩”其实并不存在！

王秋杨是第一位完成 7+2（登顶七大洲最高峰并徒步到达南北极极点）壮举的中国女性。她说过的一句话“不是人征服山，而是山眷顾人”深深打动了我。人来人往，大山一直在那里；云开云合，它只是允许你亲近而已。如果登顶的功利心太强，你就有可能错过沿途的好风景；如果自以为是，你就有可能付出生命的代价。有时勇气不是向上攀登，而是在准备了几个月、历尽千辛万苦、山顶近在咫尺时，返身下撤。山教会她很多：不断地清理背包，把任何多余的东西，甚至是一颗药片舍弃，生活像背包那样，如果只知道添加，一定会把人压垮；在几十天的严寒跋涉之后，在小到无法转身的淋浴间洗个热水澡，幸福像清水那样简单纯粹；专注于每一次沉重的呼吸、每一步艰难的前行，什么都不想，只有当下，心灵像山风那样自由！在南美最高峰阿空加瓜山因暴风雪与死神擦身而过，她虽然已无法说话，却知道队友冒险脱下自己的羽绒服包裹起她失温的身体。这种生死与共的情谊，让她醒来后第一句话竟然是“登山真好！”登山家王勇峰形容与王石登山像是与一块钢铁同行，而王秋扬是快乐而富有弹性的（难道像QQ糖？），她的笑点和泪点一样低，如果在风雪中冻僵的面颊无法微笑，或是怕飞溅的泪水凝结成冰，那么在营地的帐篷里一定能见到这位女性开怀大笑或者涕泪横流地尽情释放。我看到一位女性在旅行中变得更加率真、开阔，无论孤独还是繁华都不会影响内心的宁静，并且满怀感恩，在回馈藏区的公益事业里得到灵魂的升华。对王秋扬来说，都市里最浪漫的地方竟然是飞机场——一个充满各种旅行可能性的地方。

张广柱、王钟津夫妇在60岁时开始了第二段青春，决定要按自己的想法精彩地活一把。年轻时工作是政府给的，两地分居是单位定的，上有老下有小的，紧紧巴巴循规蹈矩活了大半生，现在终于可以自己做主了。拿出积蓄，甚至决定卖掉房子，靠着真诚的笑容和几句洋泾浜的英语，他们出发，周游世界！花甲背包客游走了40多个国家，也在马丘比丘的山坡上、亚马逊河畔的吊床上重新找回两情相悦的感觉，在节目里老爷子说出“你和我手拉手，白发苍苍走世界。家就是有你的地方”这样的情话。羡煞一屋子的年轻人。

一种对行走的向往、一份面对未知的勇气，其实是一种选择的自由。拒绝被成见或常规所约束，在与自然的会话中找到内心更真实的自己。远行是为了回归，自由是因为牵挂。

一生中什么是真正属于自己的？是位子、票子、房子、车子，还是信仰、经历、情感、智慧？旅行，是收获这些真实财富的最佳投资。回想自己已经去过的40多个国家，眼前一开始会浮现出一幅幅画面，慢慢地，这些画面有了声音、有了气味、有了情绪。那是热气球飘浮在马塞马拉的晨雾中，蜿蜒的河流慵懒地环绕着广袤的草原，脚步匆匆的是归寝的河马、出门的野猪，闲庭漫步的是沉稳的大象、乖巧的瞪羚；那是地中海的正午，凭海临风，眼前只有蓝白两色，是日光在蔚蓝色的海面上的闪烁，也是桑托里尼岛依山错落的街道上白墙蓝顶的屋宇；那是孟买轻尘飞扬的暮光里，彩霞映衬着泰姬陵洁白孤独的身影，女人们鲜艳的纱丽，孩子们热闹的嬉戏，还有空气中咖喱的味道；那是圣彼德堡的白夜，涅瓦河畔不肯睡去的城市，教堂金色的圆顶庄严安详，露天咖啡厅里恋人的眼神异常明亮……我像收集宝石一样收集着旅行的记忆，还有旅行中的心情。当繁杂琐碎的生活快要将我榨干的时候，这些记忆会在不经意中拯救我，滋润我。记得谈恋爱的时候，吴征说他要带我去看世界，这句话深深地打动了我。当充满压力的日子让我们彼此提高嗓门的时候，翻翻旅行的相册会让眼神变得温柔起来。毕竟我们已经一起走了那么多路！陌生的角落里我们是彼此最熟悉的人，熟悉的场景也给了我们某种陌生感，重新相互发现。两个人的旅程后来变成了四个人，有时候是老老小小一大家子人。

2012 年伦敦奥运会后，我们全家去苏格兰旅游，在风笛声中驾车纵贯苏格兰高地。满眼是起伏的草原、低沉的云雨、长满苔藓的森林。苏格兰人认为有苔藓的树上住着精灵，上百年的城堡里必有鬼魂，这让儿子女儿异常兴奋。一日我们下榻在一座白色的老旅馆，饭店里的人神秘地暗示人类不是这里唯一的居民。儿子拿出手机，给鬼留言："我们为和平而来，无意冒犯。现在我们离开房间 10 分钟，请给我们留点信息，比如你是谁、是怎么死的之类。我们只是很好奇。"10 分钟后回来，他的手机摄像功能上留下了砰砰几声，还有光影闪烁，这让孩子们大为欣喜。我满不在乎地说，那些不过是一座不隔音的老房子的正常状态，结果引起他们的强烈不满："你怎么证明没有魂灵呢？"是啊，我如何证明没有呢？旅行，大概就意味着对一切可能开放心灵。

旅行让人谦卑，永远有着与你截然不同的人、事、物，在另外一个地方发生。当脱离既定轨道，进入陌生的天地，丈量世界并从中反观自我，落尘的灵魂不断私享着被淘洗、被焕发的舒畅。在路上，在越来越大的行走半径之外，我们经历着最美好、最有效的心理治疗。

——朱冰

去行走，为自己改版

1709 年的一天，欧洲小镇上，一位名叫安芬秀的女孩正在镜前梳妆。安芬秀把自己的金发牢牢盘紧，藏匿在男士礼帽的边缘下，用一圈一圈的裹胸布束紧身材，再在男士西装外罩一个宽大的服务生围裙。就这样，她女扮男装，佯装成餐厅的男侍者，溜上了一艘驶往异大陆的远洋航轮。

正是她的这一举动，成就了女人独立旅行的第一步。从此关在家里千百年的女性打开了一扇窗，找到了与世界连结的方式，找到了改变生命格局的途径。

“人与大自然相近相亲的快感是无与伦比的”，真心是与旅行有缘，大学时代的杨澜以黄山之旅开启了自己的独立旅行，也是凭借着对旅行的热爱，杨澜在《正大综艺》中帮助国人打开了“不看不知道，一看真奇妙”的大千世界。在欧洲女孩安芬秀乔装打扮开始远洋旅行的 300 年后，杨澜的旅行版图已然扩充到了40多个国家和地区。

2009年2月，杨澜远赴非洲马赛马拉大草原。“草原轻柔地起伏，只与蓝天接壤。正值旱季，草尖上泛起一片金黄，在夕阳下摇曳。这棵树就是电影《走出非洲》中格丽尔·斯特里普与罗伯特·雷德福吃野餐的地方，极目远眺，成群的斑马、瞪羚、大象、长颈鹿在不紧不慢地进食，它们吃得专注而尽兴，从早到晚不停止咀嚼。”

杨澜在博客中写道：“在这生命轮回的大草原上，有一种回归感，同时又有一种陌生感。大自然的热情与冷静，生命的美丽与尊严，在这一刻让我无语。”

对于杨澜来说，远行的渴望早已潜伏在她的血液中，走出去，看看这世界到底是怎么回事，是杨澜心底酝酿许久的冲动，仿佛前世是快意女侠，“左牵黄，右擎苍，锦帽貂裘，千骑卷平冈”才是真实版本的杨澜，以至于杨澜的第一本自传《凭海临风》，似乎就是一本变相的游记。《雪后的纽约》《记忆中的岛屿》《蓝色的海洋》《向往希腊》，她把自己的美国求学与爱情故事用一个个旅行中的地点嵌入到记忆的深处。

也就是这一场游历，成全了杨澜和她的先生吴征之间的结缘。自称“游侠”的吴征18岁就开始满世界地飘荡，从欧洲到亚洲，又从亚洲到美州，直至在纽约遇到杨澜。他喜欢马克·吐温的一首诗：海员回家，好似回到笼中。当自己与杨澜相遇的那一刻，吴征有了新的思考：到底海员是为航行而回家，还是为了回家而航行？两个人是否适合在一起，最好让一次旅行去鉴定，从宏大的价值观到琐屑一样的生活细节，都会在旅途中暴露出些许的真面目。

他们牵手来到了一个小岛。希腊爱琴海上的桑托林岛，像一张洁白的船帆笔直矗立在海水中，映照着灿烂透明的阳光、湛蓝明亮的天空。这个岛每几十年便会被摧毁一次，火山伴随着地震，将崖顶的村落扫个支离破碎，岛上的居民却从不愿搬走，忠诚守护着这个美得率真而纯粹的岛屿。

置身其中，杨澜和吴征觉得时间到此似乎停止了：没有什么东西是永恒的，唯有情感，有了它，所有的航行才会产生意义。他们，是彼此的港湾，又是彼此的旅伴。两人在桑托林岛相约，“此生一起旅行，今后若在尘世烦恼的煎熬中耐不下去，便一同再来桑托林，好在这个陌生又瑰丽的环境里，把灵魂掏出来放在碧空中洗一洗。”

旅行，纠缠于生活的各个阶段，它与每一个人的成长存在关联。关于旅行的集体记忆，对于很多中国人来说是从坐火车开始的。

“几乎一站一停的慢车，车窗外模糊的风景，车窗内拥挤不堪的人群，人体和各种吃物掺杂在一起的各种气味”，这是杨澜对火车旅行的非常记忆。每逢过节，小杨澜便要跟随父母从北京南下，乘坐几乎一天一夜的火车，去探望上海的爷爷奶奶和外公外婆。有一次，他们全家买了三张坐票，杨澜坐在爸爸妈妈中间，三个人就互相依偎，于半睡半醒中熬过了整整一宿。

当杨澜摸着酸痛的脖子醒来，惊奇地发现他们全家被密密麻麻的站客围观了整整一夜，更有趣的是，对于三个人如何能更好地休息，站客们有各种说法，有人说“这座位给你们真是浪费，应该三个人轮流睡，这样每个人都能安稳地睡上几个小时”，还有人说“其实这孩子应该横过来睡在爸爸妈妈的腿上，爸爸妈妈可以靠着睡，起码这孩子能睡好……”一个睡姿的问题让一众面容疲惫的人站着讨论了一个多小时，旅途的无奈，或者焦虑，就这样在一种荒诞的氛围里渐渐收尾。工作之后，第一次跟随剧组到一个城市拍片子，第一次坐飞机，同事中有人患恐高症，杨澜却充满了欣喜和激动，当飞机跃于云端，“我忽然有了一种上帝的视角！”这种感觉来得无比强烈，挣脱一切羁绊，远离尘嚣，在天上飞，这个视角的改变带给杨澜的是看待世界的态度的改变，跳到高处看一看、跳到远方看一看，对自己的认识会愈加清醒，对待他人和世界的态度会更加宽容。

此次美国之旅果然收获颇丰。

游历可以丰富一个女人的职业智慧，甚至可以影响一个女人的一生。张艾嘉是全能型的艺人，从唱歌到演戏都有卓然的才华，生活中的她却有着一副不变的少女风貌。

2008年底，由张艾嘉任编剧兼主演、林奕华导演的话剧《华丽上班族之生活与生存》在北京上演，剧中的张艾嘉依旧是短发齐耳的少女发型。杨澜在节目里介绍她时这样描述：“林奕华有句经典的话，说生存需要聪明，生活需要智慧。但是不幸的是，智慧通常要付出很多的代价才能得到。现在的张艾嘉就是一个慢慢积累达到智慧的女人，于是我想问，在你年轻的时候，有没有叛逆过？”这一杨澜做足功课，从《华丽上班族之生活与生存》里引发的问题，果然触动了张艾嘉的心弦，带领她重返自己年轻时游学美国的岁月。从小家境良好的她，中学时便被严格的母亲送往美国念书。当时正值嬉皮士盛行的年代，“Flower Power”这样的理念像信仰一样植入她的生命，给予了她自由、叛逆却不失温柔的性格。17 岁的时候，出于对音乐和表演的热爱，张艾嘉不顾家人的反对，放弃了在美国的学业，开始进入演艺圈发展。母亲愤怒地剪掉了她所有的演出服，她便只穿着牛仔裤、白衬衫上台唱歌。牛仔裤、白衬衫式自由而率性的风范，反而使得她成了台湾 20 世纪 70 年代的文化标志。37 岁时，她爱上了现在的丈夫，便抛下当红影星的身份为他未婚生子，为他当起了两个儿子的后妈。而这人生每一步都能勇敢地去爱人、爱艺术，正是美国的游学经历对她的影响。上路，去爱，去行走，她的生命因此变得异常丰富。

在一次次走异地、住异乡、闯异域的经历中，面对自我的种种侧面，女人们丰富着完善着自己的灵魂，也帮助自己的情感实现了软着陆。刘嘉玲便是在梦想之地完成了对自己的改版——从女人到妻子的身份的改变。2009 年 6 月 18 日，受好朋友杨澜之邀，新婚不久的刘嘉玲向大家分享了她返璞归真的婚礼。

当刘嘉玲与梁朝伟将在不丹举行婚礼的消息传出，大家纷纷疑问“不丹是哪里？为什么要选择不丹？”刘嘉玲告诉杨澜，这是梁朝伟和她的一个梦想，梁朝伟很早就说过“我以后要去一个没有污染、没有纷争，人和人关系都纯净的地方，带着我心爱的女人去那里生活”。为了寻找这个庄严而朴实的地方，刘嘉玲和梁朝伟曾经特意去过很多著名的景地，但一直没有特别让两人中意的。当刘嘉玲选择婚礼地点的时候，决定先去不丹走一趟。飞机还没降落的时候，她就被这个国家感动得流泪了。于是，当即决定要在这个喜马拉雅山脚下的小国举行婚礼。

作为全球幸福指数最高的国度之一，人类与动物和谐共生。在不丹的首都廷布城里遇见黑熊、野猪，都不算什么稀罕事。街道上狗的数目远远多过车辆，不丹人步行或凭借牦牛在山区小路上已穿梭行走了上千年。当她和梁朝伟踏上不丹的土地时，“我们都觉得很多年前的梦想实现了，我们找到了向往多年的一块地方。”蔚蓝的天空，微笑的喇嘛，圣洁的礼服，两个在爱情路上长跑 19 年的大明星终于结为幸福的并蒂莲。

这就是旅行的魅力。每一个女人都能通过短暂的出发、到达感受到心灵的愉悦，仿佛灵魂战栗般的通透快感。尘世里尽是微不足道，尽是无足轻重，却拖累着女性的心灵。

但现在，女人们倚着飞机的舷窗，想象自己终有一天能奋力攀升，摆脱现实中赫然迫近的人生困厄，听见梦想遥遥召唤的缭绕回响。杨澜便是如此，纵然工作再忙日程再紧，永远不会舍弃每年两次的家庭旅行。旅行、读书、知人，成为她丰富人生经验的三种方式。

财富可以在风中散去，青春可以在年华中逝去，唯有不老的风景，永远陪伴着在路上的女人。

* * *

重新发现自己

一位职业老饕曾经戏言：只有享受美食的那一刻，我才会看到上帝。抵抗生活，也许具象的食物更能扮演药到病除的抚慰剂。养心的美景附加养胃的美食，这样的绝佳搭档是旅行达人们最想点的上帝套餐。

对于走过40多个国家的杨澜来说，天下的食物不能按照“好吃的”和“难吃的”来区分，而是分列为“吃过的”和“没吃过的”，这样的宽容度带来的是一次次与食物的艳遇。去香格里拉做采访，在有强烈高原反应的情况下，杨澜都能吃掉足足三块米饼，要知道一块米饼比一碗米饭还要多。让朋友们赞赏的，还有杨澜对待食物不做作不矫情的态度，每个地方都会有在非本地人看来望而却步的当地美食，杨澜却乐于尝试毫不忌讳：从山东的蚕蛹、安徽的臭鱼再到云南的乳扇，从土耳其烤肉到苏格拉底面饼。万里风景赏心悦目，万般滋味唇齿留香，如此美妙的旅程怕是上帝也无福消受啊。

“我饿了”，这是韩国大美女赵守镇来中国学会的第一句汉语。为了寻找美好的生活，1994 年，刚满 20 岁的赵守镇告别自己的韩国故乡小城仁川，一张飞往中国北京的机票就是她全部的积蓄。父亲在机场送她离开时，反复叮咛到了异国他乡千万别饿肚子，所以赵守镇学会的第一句中文是“我饿了”，逢人就说“我饿了”。旅居中国的赵守镇以教健美操为生，曾任北京奥运会啦啦队总导演。但 2008 年的经济危机使得她的生意濒临破产，直至遇到了引领她走出低谷的杨澜。

“大家好，我是韩国大美女赵守镇，我知道我这么说，大家都想吐，但我的健美操跳得特别好！”镜头里的赵守镇皮肤黝黑、身材健美，一双深邃的大眼睛神采飞扬，笑起来肆无忌惮，颇有几分《观点》当红主持人乌比 · 戈登堡的神韵。2009 年 5 月 16 日，《四个女人一台戏》正式亮相。这是新晋主持人之一赵守镇说的第一句话。和她同时出现在杨澜身边的，还有超模出身的 80 后主持人李艾，以及 iLOOK 掌门人、杨澜的老朋友洪晃。

不同于杨澜曾经的孤掌难鸣，也不同于杨澜 – 柯蓝时期的相对论道，如今四个怀有不同见解的女人用生活沉淀出的通俗哲学，分析、撩拨、点评着身边的世界。“英国一位 50 岁的离异妈妈，花了 1 万英镑去整容，整成了 21 岁女儿的模样，你们怎么看？”当杨澜将这个很潮的话题抛给身边的女人们时，果真是四个女人一台戏。

赵守镇：整成自己女儿的模样？感觉很怪，如果我不在家，我老公会不会喜欢上我妈？特别危险，特别怪！

李艾：蛮有创意的，我觉得是个很好的亲子活动，如果有足够的钱，对身体又没有伤害，到了这样一个年纪，跟自己的女儿玩这样一个游戏，多好玩啊！

洪晃：妈妈真勇敢，非常顽强地在与自然规律作斗争，悲壮，太悲壮了！

当李艾建议洪晃不妨也去玩这样的游戏时，洪晃当场“悲壮”地宣布：我的女儿才4岁，有点难度。一时间，全场笑爆！当女人们拉着“话题”按照自己的方向狂奔的时候，杨澜的掌控作用立显，“整容，这是非常私人的决定，但我们能做的，就是给决定整容的女人们推荐一个好的医生，善意地告知她潜在的危险，而真正的决定权属于自己”。韩国大美女＋中国大美女＋杨澜和她的朋友，初步建立起来的主持人群，使得《天下女人》逐渐接近着杨澜心中“生旦净末丑”的设定：幽默自嘲和直率鲁莽，赵守镇俨然一可爱的花脸，她对于话题的处理方式，并没有受到中国传统文化的束缚，从一个住在中国的外国人的角度，她的表达反而获得了某种谅解和更大的空间；李艾模特出身，年轻亮丽聪慧，是花旦性格的代表；杨澜相对成熟且见识宽广，是青衣性格的代表。就这样，杨澜的雅、赵守镇的辣、李艾的靓，恰到好处地融合在一起，为节目带来了质感不同的趣味、来路多样的智慧，这些元素增强了主持人与女嘉宾们对手戏的可看性。

2009年6月6日，英文名为Carol的哈佛女孩乔婉珊带来了自己的创业成果——Shokay。Sho是牛，kay是绒的意思，Shokay是世界上第一家以牦牛为主题的生活创意品牌。Carol出生于美国，成长于台湾，又在美国哈佛大学肯尼迪学院获得硕士学位，但她选择创业的地点是在中国大陆，创业的项目和牛有关。

当哈佛女孩遇到牦牛绒，创业故事会是怎样的套路？Carol坦诚道出了初始创业的艰难，作为名校生，拉着一大纸箱牦牛绒到处推销，曾经连续几日不睡觉，只是为了让人们了解这个新品牌。好在，经过两年半的时间，Shokay大部分产品出口到欧美。“我觉得当你走出去，真正找到一项自己很喜欢的事情的时候，或许一切苦涩都改变了模样，经营Shokay让我知道自己的长处在哪里。”旅历青藏高原，Carol不仅收获了Shokay，也获得了超越商业意义的成功。

正如杨澜遇到美食，赵守镇遇到健美操，Carol遇到牦牛绒，美女主持沈星在旅程中最爱寻找的心宠是什么呢？厨具！沈星，用自身的“厨房故事”，让我们看到了女性与厨房不一样的意味。沈星向杨澜描述自己拍摄美食菜谱时的经历：“从早上9点一直做到凌晨3点，每天收工都累到把手洗干净就躺倒在床上。但是却怎么都睡不着，一天下来手火辣辣地疼。”这时，细心的杨澜注意到沈星的指甲剪得很短，并且没有涂任何指甲油。杨澜问："我能看看你的手吗？"镜头里沈星的手上一道道明显的疤痕，全是做菜时的刀伤和烫伤。就是杨澜捕捉到的这一个细节，不需要再繁赘地提问、不需要再迂回地煽情，立刻让观众见识到了沈星的心头好。为什么这么爱做菜呢？原来大美女沈星不会唱歌、不会跳舞，如何找到一样东西凸显自己的优势呢？喜爱厨房，擅长做菜，烹调分明就是令她克服自卑的好方式。出差到世界各地，沈星都会去逛当地的厨具市场。有一次去日本出差，早上5点就起床，就为了去那边的菜市场找切生鱼片的搪瓷刀。会为一道菜去专门买一套合适的厨具，沈星就是要大张旗鼓地宠爱自己的爱好，让自己成为一名快乐的美厨娘！

对于女人，厨房和厨具从来不是好玩的地点和器物，它们代表着似乎无法摆脱性别烙印所赋予的劳作命运。一代又一代的女人，在嫁为人妇之后，洗手做羹汤，只为完成一个心愿——抓住男人的胃以求抓住男人的心。柴米油盐、生鲜辛辣、烟熏火燎，女人的劳动在太多的重复中走向无奈和无趣，那个心愿也常常在灰飞烟灭中沦为对自我的嘲讽。时间流逝，岁月流转，女人早已摆脱了宿命一般的厨房劳作，但同时又远离着厨房原本应有的温馨与爱意。女人要想处理好和厨房这个伙伴的关系，也许应该对厨房这个具有丰厚文化含义的场所重新定义。厨房，不再是她向男性被动奉献的禁宥之地，而是愉悦自己，享受手艺与器具和食物的复合作用，以及它们带来的精致仪式感。只有这样，才能打破厨房语言的琐碎和无聊，让厨房成为酝酿美好的所在。

遇到称心的厨具，可以让沈星产生强烈的幸福冲动；那么，遇到非洲呢？这片陌生而遥远的异域也有一个奇异的功能——正如镜头的反打，离开生活现场，非洲之行给予摄影师梁子的是对现状的感恩。

当过15年兵的北京姑娘梁子是职业摄影师，平时最爱跑的地儿就是非洲大陆，而且是地图上很难找到的自然蛮荒地区，并且一去就是四五个月之久。有了这爱好，她就阶段性地告别了老公，彻底地抛弃了高跟鞋与长裙，整日的行头就是随时要和部落酋长们见面的丛林装备。当杨澜不解地问到：要拿北京话说，你这个叫作没事儿闲的，你跑那么远的地方去，你干吗呀？也没有人给你钱。图什么呀？

“图的东西可多了。到现在为止，我可以说见到了世界上最贫穷的人，也敢说见到了世界上最容易快乐的人。”豪情的梁子曾经以柔软的笔触写过一篇文章《非洲的微笑》，里面这样写道：“那里的人们住在低矮的草屋和洞穴中，用粗砺的器具吃饭饮水，但他们会跳最动感的舞蹈，拥有优美的身体线条。即使在曾经遭遇种族大屠杀的部落中，人们也没有丧失快乐的天性，仍然会采集花朵装饰全身，唱出欢快的曲调……”穿越于商业中国和非洲部落两块迥然不同的地域，梁子收获的不只是生动精美的图片，还有善感寡欲的心灵。每次从非洲折返，走进北京的超市，看到琳琅满目的货品，梁子都会在那里呆呆地伫立半天，此时涌满心头的只有两个字：幸福。从对美好生活的无知无觉，到吃一碗牛肉面都会流泪，行者梁子拥有了对生命的感恩，对世俗世界的一切有了更大的宽容。眼界开阔了，女人自然有了不一样的心胸。

一个女人的判断力和眼界绝对是成正比的，行走的半径越大，对世界的判断就越立体和健康，在这个历程中，女人发现了不一样的自己，仿若重生。这样的快感来自于旅途，似乎越艰难的路程，越是能回报于女人更加非凡的体验，于是，女人们愿意用艰难甚至用生命，去换取在远方、在高处的快乐。作为资产数亿的女总裁，王秋杨是首位登上地球三极的华人女性，自驾车穿越罗布泊无人区、成功攀登十多座世界高峰……显然是她比驾驭商业项目更为擅长的游戏。

面对这个刚刚成功登顶珠穆朗玛峰的疯丫头，杨澜的问题也很疯狂："我听说你们登山时走过的地方，旁边就是前任登山者的尸体。"正是这个细节，让王秋杨动情地打开了话匣子："海拔 8000 米以上的大山，救援是没有可能的，甚至将尸体运下来也不可能。我登到 8300 米的时候，帐篷外就是一位登山者的尸体，是一个身材很高大的捷克人，我出门总要经过他。他只比我早几天上山，没想到就躺在那儿了。"杨澜继续追问："那你路过他的时候，没有打退堂鼓吗？"王秋杨的回答没有丝毫犹豫："没有！登珠峰这么大的山，必须做好充分的心理准备，必须非常非常地专注，不能有一点点杂念。只有保持高度的专注和强烈的登顶愿望，才可能登顶。如果我要倒，我也是向前倒！"

大山大水当前，自然广博而绵长的力量扑面而来，女性终于得以从糅杂繁复的家庭生活和针尖麦芒的工作压力中抽身，反观自然，审视自我。向自然进发，在自然里找到自己最纯净的初念，这是王秋杨给自己找到的前路，也是天下女人们皆可奏响的人生旋律。

* * *

THE HAPPINESS PROJECT

红粉，传达出的是“娥娥红粉妆，纤纤出素手”的柔美，

更有“一朝春尽红颜老，花落人亡两不知”的惨淡。

让红颜们不再薄命，

就需要女性们对自己的身体加倍珍惜和多方关爱。

第六章

CHAPTER 06

从红粉到粉红

有人说，21 世纪影响人类文明的是三个 W：Web,Weather,Women（网络、气候、女性）。有远见的人，千万别忽略女人。

2005年《天下女人》开播时外文名字是Cest La Vie，源自法语，意即“这就是生活”，代表一种接受生活的态度。2006年《天下女人》的英文名改为Her Village，更突出了社区概念，代表“我们在一起”的友谊。圣雄甘地说过：“世界再大，也是一个村庄；村庄再小，也是一个世界。”当我们用这个英文名时，希拉里·克林顿还没有说那句著名的话：“It takes a village.”她是指解决问题需要各方人士的互助与协作。

原晓娟在去世之前半年左右来过《天下女人》。她被发现有胃癌并且已经做了手术。录像那天她刚做了化疗，从医院直接来到演播室。化妆师用了很厚的粉底遮盖她灰暗的肤色。她穿了一件颜色鲜艳的中式上衣，振作精神与我、柯蓝和张丹丹聊天。作为美酒与美食杂志的主编，她放言即使没了胃也不愿放弃味蕾和嗅觉的享受，津津乐道地告诉我们她刚刚品尝的美味鹅肝！而且炫耀说没有了胃以后就不会长胖了！于是我们三个也调侃她一定是过去美食吃得太多了，怎么不带着我们？但我们的心隐隐作痛。知道年纪轻轻得了晚期癌症通常发展得很快，而她可爱的儿子只有 8 岁。他听说妈妈生病了要花不少钱，就主动提出再也不喝可乐和其他饮料了。于是晓娟开始写病床日记，万一自己的日子不久了，希望儿子将来懂事了能知道妈妈是一个懂得生活、热爱生活的人。她说她也有后悔的事，那就是工作一直太拼命，觉睡得太少，没有好好照顾自己的健康，而今给丈夫孩子带来这么大负担。我当时念一段她的丈夫写的一篇博客，大意是说北京的冬天来了，刮着大风，他拉着儿子温暖的小手走在寒风里，突然伤感起来。我念了两句便哽咽住，刚要递给柯蓝，却发现她已泪流满面，最后是用接力的方式由丹丹读完的。倒是晓娟替我们擦眼泪：“哭什么呀？如果有一天我不在了，希望你们都吃着喝着唱着为我庆祝！”半年后，我们得知了她离去的消息。我打电话告诉柯蓝时她在电话那头变了声音：“晓娟，她是那么想活！”为了纪念她，剧组的同事们购买了 100 本她的遗作《鼠尾草的法国味道》送给观众。

现在癌症患者有年轻化的趋势。工作紧张、生活不规律，导致免疫力下降，环境污染、食品不安全，还有饮食结构的变化都可能是原因。而女人致病的一大诱发因素就是情绪。海蓝博士曾经是上海复旦医科大学眼科博士生，她后来转向心理学的研究就是因为理解到：细胞的生物化学变化导致器官病变，负面情绪导致细胞变化，而关系导致情绪变化。而女性，因为更加敏感，情绪起伏更多，一段时间的负面情绪就有可能造成病灶产生。甚至有人总结出所谓的“癌症性格”，通常指争强好胜又不轻易宣泄压力、什么都自己扛着的一种性格。每年《天下女人》都会做几期与女性健康相关的话题，从防治乳腺癌、宫颈癌的基本常识，到健康饮食、改善睡眠和锻炼减压的建议。我的体会是：姐妹们真的很能吃苦！姐妹们也真的很无知！她们不知道应该每年去做妇科检查，不知道怎么自查乳腺增生，不知道很多情况下不必做乳房的全切除手术，不知道宫颈癌来自一种HPV病毒，而它发展成癌前病变需要8到10年的时间，不知道得了忧郁症就应该看病吃药，也不知道运动出汗可以减少40%的忧郁症发病率，可以从50个深蹲呼吸开始，或者跟着龚琳娜唱一段《忐忑》！

为了让更多的女人关注自己的健康，我代言了中国的粉红丝带运动，见证主要城市的地标建筑粉红亮灯的仪式，在柔美温暖的粉红光芒中，聆听抗癌合唱团的大姐们发自心灵的歌唱，发出“我们在一起”的倡议。而我的两位搭档，柯蓝和李艾，先后为宣传粉红丝带运动而拍摄了裸体照片！她们拿不定主意的时候问过我的意见，我为她们的勇气而骄傲，唯一的建议就是“眼神，眼神改变一切”。坚定、尊贵、单纯，她们的眼神就是她们的华服。见我夸她们，她们就挑衅说：“澜姐，要不你也试试？”谢谢！还是让我用其他一些对你们来说不太方便的方式吧。

比如提倡母乳喂养。其实中国女性的乳腺癌发病率的直线上升与母乳喂养率的大幅度下降很有相关性。有些妈妈以为自己奶水不够怕饿着宝贝，却不知道婴儿在最初几天每天只需要一汤匙的奶水；有些妈妈因为听说母乳喂养影响体形而靠吃药强行把奶水憋回去，结果引起乳腺堵塞产生肿块，她们不知道母乳喂养消耗热量更大，更有助于恢复体形；还有些妈妈以为合成奶粉会让宝宝更健康更聪明，不了解母乳的营养与免疫力要丰富得多，而母子肌肤抚触是孩子智商情商发育、母亲身心平衡的重要方式。2012 年的全国政协会议上，我提交的有关提高母乳喂养率的提案，得到联合国儿童基金会的全力支持，并获得了几十位政协委员的附议，在网上被转载数万次。当年 6 月，卫生部宣布针对 6 个月以内婴儿的奶粉广告，将实行更严格监管，鼓励母乳喂养。

从一个社会对待女人的态度能衡量出它的文明与发达程度。

1999 年马英九做台北市市长时我曾经采访他。给我印象最深的是，他要求台北的公共厕所中女厕的建造数量是男厕的两倍。大概是因为他从小在家里与姐姐妹妹们一起长大，深知晨起时抢夺洗手间的尴尬和她们梳妆打扮要花多少时间。在大多数西方国家的公共设施中都会有哺乳室，给母乳喂养提供安静卫生的空间。我高兴地看到，中国的公共设施在建设中已经越来越多地考虑女性的要求。

我有两年时间参加国际大型医药企业的“多元与包容委员会”，其中的重要议题就是促进企业中女性的参与度。人家可不是只为公关的漂亮口号，而是从企业人力资源、团队合作效率和市场研究等务实的角度思考。今天的女性不仅通过工作为社会直接创造价值，而且是越来越重要的消费决策者，这些决策不仅是传统意义上的日用消费品，更包括房、车、保险、教育、理财等金额庞大的消费。了解她们就是了解市场。更多的企业在推出手机、电脑、汽车、金融等产品时都设计了符合女性口味的款式，商业广告也常常针对女性需求，因为谁也不笨：赢得她们就是赢得市场。

在政治领域亦是如此。美国总统奥巴马、俄罗斯总统普京在女性选民中支持率很高，意大利前总理贝鲁斯科尼因为种种性丑闻被女性选民抛弃。当美国共和党挑出佩琳作为副总统候选人时，首先不买账的是受过良好教育的女性——以为只要找到一个女性候选人，哪怕没有太多头脑和见识，就能得到女人手中的选票，实在是对女性政治判断力的羞辱。以北欧为最早，不少发达国家和一些发展中国家的议会与政府内阁成员中近半是女性。2011 年法国能源与交通部长 Kosciusko-Morizet 来京时与几位中国女性共进晚餐，席间问："为什么中国女性就业率超过许多国家，但女性政治领导人却寥寥无几，人大的女委员也只有 20% 左右？"这个问题还真不好回答呢。

2011 年我受邀主持 APEC 女性与经济发展论坛的开幕式，对话上任不久的 IMF 总裁克里斯蒂娜 · 拉加德。她回忆起大学毕业到一家律师行应聘，对面坐着的是清一色的男性。尽管她学业出色，他们还是拒绝了她，并且毫不掩饰他们的理由：谁叫你是个女的！ 40 年后，她竞选国际货币基金组织的总裁，坐在对面的面试官依然是清一色的男性！她自言自语道："Boys, here we are again."（男孩们，咱们又见面了。）不过这回，她赢得了这份工作。她说，善于倾听、沟通、包容，守住原则同时保持斡旋的弹性，就是她的性别优势。她也认为，如果有更多女性加入金融业的高层管理，那种被贪婪和狂妄引向深渊的金融危机就有可能避免。女性，出于为孩子未来福祉考量的天性，比较不会以一种短期赌博的形式做经济决策。

就在2012年岁末，朴槿惠当选韩国总统。这位一直未婚也没有生育的女性，决定把整个身心贡献给国民。她是位成熟的政治人物，而她的个人生活也为她职业生涯增添了某种色彩甚至是力量。作为政治家朴正熙的女儿，她经历过父母先后被暗杀的混乱与痛苦，也看到父亲曾经给其政治对手带来的迫害。作为女性，她走访当年受迫害的家庭，诚恳致歉并请求和解。这种民族心理层面的疗伤，让我想起南非的纳尔逊·曼德拉，智利的前女总统、现任联合国妇女署主任的米歇尔·巴切莱特。他们在历史转折点上都做了正确的事：化解矛盾，实现团结，抚慰心灵，开创未来。真正的政治勇气一定是道德勇气，真正的政治智慧一定是情感智慧。女性特有的体谅与温柔应该给所有的政治家以启发。

有人说，21世纪影响人类文明的是三个W：Web，Weather，Women(网络、气候、女性)。有远见的人，千万别忽略女人。

红粉只是一缕阴柔的和风，粉红却可以成为一种力量。这是一个女性华彩绽放的时代，是她们用创新、智慧与爱心给世界带来了改变，以执着、勇气和前瞻力，影响和推动着社会的进步。公正，信仰，自由，都可以被女性温柔轻轻掌控。

——朱冰

见识照亮女性

你离自己的身体有多远？你了解自己的乳房吗？

粉红，一种柔美、温暖、妩媚得似乎专属女性的颜色。在每年的10月，它却以警示的力量表达出了对女性的关爱。这便是由欧洲著名企业家伊芙琳·兰黛夫人发起的“粉红丝带乳腺癌防治运动”。

2007年“粉红丝带活动”试图在中国的知名女性中，寻找适合担任中国区全球大使的人选。当时负责这个工作的是伊芙琳·兰黛夫人的同事沈祥梅，在几乎查阅和了解了中国所有的知名女性之后，她确定了心中的首选——在中国女性中具有极大影响力的杨澜。由于“粉红丝带形象大使”是完全公益没有任何报酬的，最初沈祥梅和她的同事还有一些担心，“我们不确定杨澜是否愿意接受，因为真的是无偿的”。而令沈祥梅感动的是，仅仅5分钟的谈话，杨澜就欣然接受了这个任务。对此，杨澜说自己非常荣幸也很感动能参加这个活动，因为“粉红丝带”不仅仅在是谈论一个健康话题，更是“女人对自己身体的一种接受、对生命无常的接受，是我们发现爱的一次契机”。于是自2007年起，杨澜就承担起了一项粉红色的义务——全球“粉红丝带活动”中国形象大使。

已有20年历史的“粉红丝带乳腺癌防治运动”，是由伊芙琳·兰黛于1992年在美国倡导发起的。如今，全球已有超过50个国家的数百处历史建筑于10月被粉红灯饰点亮。自此，每年的10月逐渐被定为“世界乳腺癌防治月”。2003年粉红丝带运动传递到中国。“及早预防，及早发现，及早治疗”是“粉红丝带乳腺癌防治运动”的宗旨。

由于乳腺癌防治意识的提高，目前在欧洲该病死亡率正在下降。然而近年来，我国每年新增20万乳腺癌患者，其中4万人死于乳腺癌，增长率是欧洲的7倍。由于生活环境、精神压力等因素，乳腺癌发病率已位居中国女性恶性肿瘤的首位，并且正趋于低龄化。

作为大使，杨澜除了积极参与宣传防治乳腺癌的各项公益活动，每年10月，还会邀请罹患乳腺癌的女性朋友现身说法，呼吁女性朋友们定期体检，关爱乳房健康。

2008年，柯蓝和杨澜一起采访过和乳腺癌抗争的病友。那次经历让她看见了一张乳腺癌患者的术后照片，照片里女性曼妙的身体变成了残缺的模样，这让柯蓝体会到了同为女性的切肤之痛。当《时尚健康》杂志向柯蓝发出邀请，希望她为粉红丝带活动拍摄全裸写真时，柯蓝向杨澜征询意见。杨澜鼓励她："你首先要看周围的人能否接受，如果他们接受，我支持你拍。"柯蓝很快将心中的犹豫打消，既然她比一般人对乳腺癌多了一层见识，那么她就有义务为这份见识承担更多的责任。就这样，在杨澜的鼓励下，柯蓝为2008年10月的《时尚健康》杂志拍摄了全裸代言"粉红丝带"的震撼画面，这幅照片也被杨澜称赞为"这是我看见过的柯蓝最美的样子"。

无独有偶，2011年李艾也成为当年《时尚健康》杂志"粉红丝带"活动的全裸代言者。模特出身的她习惯了用身体的行走来展示美和时尚，这让她并不觉得接受粉红丝带任务是一件多么挑战禁忌的事情。用身体表达女性之美，使得李艾对自己的身体有了深切的认知，"身体是用来取悦自己的"，这是李艾的信仰，但真正的愉悦来自一副健康的躯体，它是产生所谓美丽和风情的基础。

"我们都觉得身体是自己的，让它抬手就抬手，让它握杯子就握杯子。但其实我们并不完全了解身体，很多人都不知道胃在哪里，但是胃一直在运作着；如果一直忽略它，有一天它会以疼痛的方式告诉你它的存在。"谈及身边的女性朋友对于自己身体的无知，李艾的感慨是具有典型性的见解，因为这是女性真正关爱自己的基本见识。

这个见识看似平常，但背后隐含的历程相当漫长。20世纪90年代中期，美国新一季总统大选启动，在纽约的大街上，杨澜时常目睹到许多女性权益组织的活跃举动，她们举着不同的旗子在各街区游行，有时双方隔街就展开了辩论，马路这边举着牌子说“尊重选择”：难道一个年轻的少女，她还没有做好做妈妈的心理准备，就一定要把这个孩子生出来吗？一个女人如果被性侵犯，她怀孕了，这是违背她的意志的，难道就不能把这个孩子拿掉吗？

马路那边坚持说“捍卫生命”：这是条生命，特别是这个孩子的灵魂，这不是你给的，只是借你的身体来到这个世界。这是神，这是神给的，所以你没有权力去决定他是不是有权利去生活，这不是你的决定！如此激烈而势不两立的讨论，让来自中国的年轻女性杨澜心生错愕。作为出生没多久就遭遇计划生育国策的一代，对于女性是否拥有堕胎的权力，杨澜从未以这样的角度思考过，尤其从生命的某种神性角度来审视女性的生命权力，将女性流产视为“挑战了生命的尊严”，这种观点更给予了在缺失宗教信仰的环境中成长起来的杨澜强烈的冲击。

当西方的女性们从身与心的角度为自己的权利鼓与呼的时候，中国的女性主义者们做的是近乎纯粹的精神启蒙工作，对于女性身体的保健几乎是轻视，甚至无视的。“今天不同，启蒙从另一个方向不请自来，戴着死神的面具，来自身体、来自女性的生命，逼迫我们面对自己。从来的女权运动总在强调观念和意志，相信‘人定胜天’，力图与自然保持距离并极力与女性属性划清界限，不期‘自然’会以这样残酷的方式自我呈现：顺者昌，逆者亡。”这是女性主义研究学者李小江2008年不幸罹患乳腺癌之后，在著作《家国女人》中发出的痛心之言。对此，她反省了自己的生活，“熬夜、赶活儿、很少睡眠”等不健康的生活方式将她的身体推向了绝症。对身体的忽视和慢待使得一位优秀的女性有了这样一番绝望的觉悟。

红粉，原是旧时女性化妆用的胭脂和铅粉，后又成为女性的代名词，它传达出的是“娥娥红粉妆，纤纤出素手”的柔美，更有“一朝春尽红颜老，花落人亡两不知”的惨淡。让红颜们不再薄命，就需要女性们对自己的身体加倍珍惜和多方关爱。

《美国妇女自我保健经典：我们的身体我们自己》发行25年一直畅销不衰，成为“二战”后美国一代女性成长的圣经和伴侣。更有意义的是，这本书并非出于医学权威之手，而是由数以千计的世界各地的女性参与合著而成，仅书后的致谢名单就排了长长的四百多个。这本书的写作方式本身就显示出妇女们组织起来改变自己命运的智慧和力量，她们以聊天的方式谈自己的亲身感受，把一个个建议提供给姐妹们选择，并和每个不论阶级、种族、年龄、社会处境的女性分享共同的经验。1998年，这本书由中国著名的女性主义研究专家、主编《妇女研究论丛》的刘伯红翻译，在中国大陆正式出版。全书从“身体”的角度强调女性在身体健康中的主体性和参与作用，重新界定健康的定义，这个观点得到了杨澜的积极响应。正如她在序言中所概括的该书的宗旨：“强调更多的妇女，使其对自身保健和生命更负责；强调妇女必须了解并接受自己的身体，明了生理结构及变化，以减少性别歧视和自我贬低，拥有正确的医疗知识，以增加妇女的健康能力。”尤其是女性的身体承担了怀孕、生育、哺乳等多重责任，书中对于身体的认识和保护，便是一代新女性见识的集合体。

华人影星杨紫琼虽然是马来西亚小姐选美冠军出身，却有一颗打女的威武之心。在20岁去到香港发展之前，她从来没有接触过武术。当时正是20世纪80年代香港武打电影风头正劲的时候，杨紫琼发现电影里全部动作戏都由男人完成，她只需要在旁边做花瓶高喊“救我！救我！”好强的杨紫琼心想，我可以喊一次“救我”，但是下次我就不要你来救，我要自己来。于是她拜洪金宝为师，跟着片场里的武师练，就这样一路打到了好莱坞，在第18部007电影《明日帝国》中，杨紫琼成了第一位华人面孔的邦女郎，她一改以往邦女郎的花瓶形象，用中国功夫技惊四座，让那位无坚不摧的007先生还得仰仗着这位东方女侠救他的命，把华人女性的形象传遍了世界各地。2010年，杨紫琼以近50岁的高龄出演武侠电影《剑雨》中的杀手曾静一角，在片中她飞檐走壁、近身搏杀、急速快降全都是亲身上阵。虽然同样是拍摄打戏，杨紫琼却不再像往日那样百无禁忌，她这样向杨澜阐释她对身体的感觉：“从出生以来只有两件事是肯定的，会老、会死。我不可能像广告语里说的那样去年20，今年16，但是，这些全部都只是一个数字而已。我不可以因为一个数字就不能做这个、不去做那个。最重要的是怎么样去保护自己的身体、保护自己的精神。因为我受伤太多，我会听自己的身体说话，我也知道怎么样让它更健康。”“戏精彩重要，身体更重要”，不惜命的打女杨紫琼终于有了爱自己的开悟。

在这加速度行进的时代里，工作忙碌、熬夜加班，睡眠问题成为困扰职场女性、影响身体健康的一个棘手问题。据统计，全世界每天有16亿人需要靠数数才能入睡，中国至少有30%的人在不同程度上辗转反侧难以入眠。在杨澜的策动下，阳光文化多媒体与专业调查机构合作，通过新浪网络平台和阳光文化多媒体女性社区对全国职场女性进行问卷调查，了解都市职场女性的睡眠情况。发现有50.52%的调查者因为工作和学习上的问题有过失眠的经历，这样的结果让杨澜感到担忧。

一直以来致力于关注都市职场女性的杨澜决心联合全国妇联宣传部、新浪网、湖南卫视在2007年共同发起了中国职场女性关爱行动。力图通过一系列活动，为都市职场女性构建一个怡身怡心的精神乐园，此次睡眠专项调查正是关爱职场女性的众多活动之一。

为了不让睡眠成为压力的牺牲品，杨澜在特别节目《我的睡神，你在哪》中与女性朋友们一起分享各自的催眠招数。在现场，杨澜也说出了自己的睡眠“心得”，以期能帮助一些有睡眠问题的朋友。睡眠也需要有一定的“纪律性”，这是她对于睡眠的一点体会。对于杨澜而言，每天都会去采访别人和接受别人的采访，同时还有很多活动要参加。一天下来，能让自己兴奋的事情还真是不少！有一段时间，她喜欢在入睡前躺在床上慢慢回味一天的事情，但是越想越兴奋，不知不觉就推迟了入睡时间。当意识到这个问题的时候，杨澜开始有意控制自己，不让思维在睡前一直保持兴奋。慢慢地，就找到了一种方法，那就是在睡前把一天经历过的事情和明天需要考虑的事情都写下来，把思维“交给”一张白纸，这样头脑中就会变得平静起来。

然后她会看一些和工作毫不相关的“杂书”，没一会儿就困意大发了！如果遇到出国时差实在倒不过来，杨澜会按照说明服用褪黑素作为入睡的方法。因为短期内服用褪黑素不会上瘾，而且第二天不会出现头疼和嗜睡的状况。通过将这样一套比较适合自己的睡眠方法提供给大家，杨澜希望广大女性朋友互相帮助，共同拥有好的睡眠，也希望女性朋友花费一点时间，照顾一下自己的睡眠，做个健康、美丽的女人！

建立良好的睡眠、饮食等生活习惯对预防乳腺癌很重要，除了这些生活知识，女性还需要具备基本的医学常识。在中国职场女性生存状态调查中，许多女性特别是年轻女性缺少对乳腺健康的了解，比如不做定期检查，盲目吃容易引起内分泌系统紊乱的避孕药、减肥药，不尝试母乳喂养。专家告诫女性，现在流行的羊胎素针并不适合每一个人，那些激素水平较高的女性很有可能因此诱发乳腺癌。如果早检查、早治疗，乳腺癌发现率和治愈率其实是很高的，只要重视起来，许多悲剧可以避免。

乳房，是上天赐予每个女人最美的生命财富，它的健康不仅关乎美丽、关乎爱，更关乎生命。对它的关爱不只在 10 月，而是从关注生活的每个习惯入手，将健康活力的理念融入对自我身体的关怀。在杨澜看来，粉红丝带的形状就像一个手写的“I”，代表着“我在乎，我关心，我能改变”。

这是女性最体己、最有价值的见识。见识照亮女性，如同优雅迷人的粉红之光芒。

* * *

力量滋养世界

粉红是一种力量，当她有了爱自己与爱他人两个方向的时候，后一个方向生成的是女性的高级版本——母性。

母性的力量就好像乳汁，以爱与施与的姿态，温柔地滋养着生命，虽然看似无声无息，却延续着生命，聚合着美好。作为母亲的杨澜，非常欣慰自己的一双儿女是用母乳喂养长大的。尽管2001年为了申奥，杨澜给当时3个月的女儿早早地断了奶，但是提倡母乳喂养是母亲杨澜的不二选择。2012年，杨澜以全国政协委员的身份提交了《提高母乳喂养率以改善国民健康状况》的提案。呼吁让母乳成为孩子来到世上尝到的第一种味道，建议在工作场地建立母乳喂养区，方便中国数量众多的职业女性。这一提案得到了社会各个层面的积极呼应，联合国儿童基金会驻中国办事处新闻处处长荣明达高度赞赏杨澜为提高公众对于母乳喂养的认知度而付出的努力。

也是因为杨澜良好的公众形象，2010年4月，杨澜成为联合国儿童基金会(UNICF)驻中国办事处任命的第一位大使。这个新的“身份”让她感到的不仅是荣幸，更是责任。作为一名母亲，杨澜希望通过自己的力量和传媒的力量，让全社会能更多地关注儿童，特别是弱势儿童的权益；希望去维护那些贫困母亲的权益，给她们在抚养孩子的过程中提供帮助。同时她希望让世界各地的人们了解中国在儿童权益保障方面取得的成绩。孩子是大家的宝贝，看着他们就看到了希望。杨澜相信这个世界的儿童需要的是同一种语言，那就是爱的语言。通过给孩子提供更多的机会，让他们在面对这个社会的时候，相信自己可以去改变，也能去改变，让他们相信每一个人都能做最好的自己。杨澜期望和全球200位联合国儿童基金会大使一起，为这个世界更好的未来好好工作。

“艺术公益”是杨澜将母性之爱推及更大圈层的又一行动。作为母亲，她希望每个阶层的孩子都有机会享有艺术之美。2010年，杨澜主持下的阳光文化基金会发起“阳光下成长”大型公益项目，成立“阳光少年艺术团”，用艺术资助的形式帮助打工子弟。“阳光下成长”项目的核心价值是把艺术视为一种方式、一种介质，使孩子们通过学习艺术课程，增强自信心和社会归属感，而这种改变将成为一种“榜样”的力量，潜移默化影响到更多的打工子弟的成长，使他们能够汲取多方面的艺术养料，在社会环境中更好地成长。

对孩子和年轻女性的关注一直是杨澜致力的核心，不仅从身体上提醒女性们注意自身健康，也为她们的生存和就业展开了更积极可行的关照。2010年有一个新鲜的热门词汇“杜拉拉”，代表那些没有特别的身世背景、出身草根，希望通过自身努力获得职业成就的女性。为了给这些“职场新女性”开辟一片天空，由杨澜领衔的阳光媒体集团，携手东方卫视共同打造中国第一档大型职场女性节目《寻找杜拉拉——职场新女性挑战行动》。这档以户外真人秀结合室内竞赛形式的节目，把一个个情感真实、青春洋溢、个性鲜明的“杜拉拉”展现在观众面前。杨澜特别关注女性在职场中遭遇的隐性歧视问题，她希望通过电视平台让人们关注女大学生的就业问题，也希望大学生能借此了解真实的职场。这次活动吸引了近3万名追梦女孩前来报名，最后一个叫李嵘函的女生从3万多报名选手中脱颖而出，获得“最具潜力的职场新女性”称号。这个来自内蒙古乌海市、就读于中华女子学院女性学专业的大三女生，像一匹黑马般打败了无数海归名校的选手，皆是因为这个“草根”女孩有着不草根的见识。“杜拉拉”“蚁族女孩”和千千万万的电视机前的女孩一起，彰显出新一代年轻女性的“见识”：我们可以出身草根，但我们不会放弃自身努力，我们勇于成就梦想。比赛结束之后，杨澜以精彩的发言给予“杜拉拉们”温暖的鼓励：“在这四位优秀的女孩子身后站的是10位晋级赛成功的选手，在她们的身后站的是30位成功晋级的选手，在她们的身后有3万报名的女大学生，但在她们的身后，有30万、300万、3000万满怀理想、即将跨入职场的时代的新女性。她们已经过了相信童话的年龄，也已经离开了父母温暖的怀抱，即将告别单纯的校园，迎接她们的会是什么？我想说的是世界的大门都为你们打开，我们需要的不是童话，而是你们创造的神话，你们都是好样的。职场新女性挑战行动寻找‘杜拉拉’的比赛已经结束了，但是我希望我们这个社会对女大学生就业的话题不要失去关注。我相信我们给女孩子们的一点勇气、一点关注、一点爱护，就是帮助她们飞向成功的翅膀！”身为粉红领袖，杨澜凭借热情与宽容的力量发现、启迪、爱护着新生的粉领阶层，当新的岗位成为女孩们新的出发点，她们的作为改变着女性的未来。

女性是不吝啬给予爱的人，母性的爱对于家人就是一种强大的力量，哪怕男性是家中的经济支柱，承担起家庭情感维系的依旧是女性。比如《红楼梦》中的贾母，她是大观园王国的国王，大观园有了她才有了群体感、归属感，贾母是“数代典型”的大家长形象。随着贾府的衰落，作为大家长的贾母甚至发出了“总有合家罪孽，情愿一人承当，只求饶恕儿孙”的祷告。当“锦衣卫查抄宁国府”时，贾政怨天尤人、王熙凤昏死过去、其他人也都乱了分寸，虽说贾母年岁大了，也一时经受不住打击，但她醒来的第一句话是：“见你们倘或受罪，叫我心里过得去吗？”她先关心的是儿孙们。同时，她又说：“你们别打量我是享得富贵受不得贫穷的人哪！”她带头表示遇到了危难自己能受得起穷，之后又根据所遇到的危机，及时地提出对贾府大政方针的调整策略：“如今借此正好收敛，守住这个门头儿，不然叫人笑话。”遭遇抄家，上上下下都乱成一团，而这位贾府的老祖宗能有这样的见识，足见她对于一个家族的核心威力。

从一个团队、一个家族，再到一个国家，母性的力量同样发挥着巨大的精神黏合作用。现实版本中，英国也有一位老祖宗似的人物，她便是英国女王伊丽莎白二世。第二次世界大战爆发时伊丽莎白年仅 13 岁，1945 年伊丽莎白公主说服了她的父亲，允许她直接参与协助打赢这场战争。当时还是伊丽莎白公主的她参与了一个支援战争的妇女团体，在那里她的编号是第 230873 号伊丽莎白 · 温莎第二中尉。从那时起，无论是战争的冲突、政治的更迭，还是经济的萧条，女王身上散发的女性力量成为稳定动乱世界的情感因素，维系着她臣民们的情感世界。2012 年 6 月 3 日，是女王登基 60 周年纪念日，这一天伦敦举行了盛大的泰晤士河千船巡游，杨澜和丈夫吴征正好在英国目睹了那次盛大的场面。杨澜在微博中和网友分享："岸边、桥头、阳台上站满了自发观礼的市民。这恐怕也是英国人敬重这位老人的原因之一吧：86 岁的女王每天连轴转，包括穿着裙装在冷风细雨的船头站了 2 个多小时，居然还那么精神，不可思议！""查尔斯王子在音乐会结束时的致辞很温馨，也幽默，比如他说天气总算转晴了，大概是因为他没做天气预报的缘故。不过最打动我的还是他当众对女王叫了一声'妈咪'，全场爆以掌声和笑声：毕竟，女王除了国家元首身份，也是一位母亲。"

杨澜先后采访了这位传奇女王的三个孩子：长子查尔斯王子、次子安德鲁王子以及女儿安妮公主，杨澜无法确定女王是不是一位好母亲，但是在孩子们眼中，女王是一位有勇气、有力量的母亲。1952年，当时25岁的伊丽莎白公主，在父亲乔治六世国王突然去世的情况下，勇敢地承担起女王的责任，经历半个多世纪的风雨，她永远保持着属于女王的个性——优雅而老派。2012年伦敦奥运会开幕式里，和007一起从天而降的“女王”，也让世人看见了这个80多岁老奶奶的幽默与自嘲，与她的威严与沉默一样，如此的腔调同样是女性力量的彰显。

一位哲学家说过：“只要一个人能理解母爱，他就能感知整个世界。”演员徐帆称自己的灵魂是家庭主妇,《唐山大地震》中母亲李元妮的角色让她对“贤妻”和“良母”同时有了更深切的体悟。一个面临残酷抉择的母亲让她在撕心裂肺的痛楚中看到了什么是世间最贵的爱，那就是彼此的牵挂和无价的付出。通过这部戏，她将一颗母亲的魂魄全部融化进影片中，与丈夫冯小刚的爱情也彻底长在了一起。徐帆和冯小刚以艺术生命的连体合作完成的这部好电影，奉献给了观众们一场母性和大爱的盛宴。

孩子，是母性的归宿，也是母性的软肋。2011年儿童节，杨澜请来了两位被拐儿童家长彭高峰、彭四英，制作了一期《宝贝，回家》。彭四英与丈夫一起在深圳开了一家包子店，同所有妈妈一样，她的快乐来自于她的宝贝儿子孙卓，然而只有三岁半的可爱宝贝却在2007年10月在自己的家门前被人拐走，消失在茫茫夜色中。从此全家人开始了漫长的寻子之路，奔波万里，4年过去，还是没有找到自己的宝贝。作为一名母亲，最让杨澜感动的是彭四英最后的话语："不管谁现在做孙卓的养父母，不管你们是拐走了他还是买了他，就算你们不把孩子还给我，只要告诉我他是否平安、健康，过得好不好，我就万分感谢了！"这位母亲的发言，令听者无不动容。

为了帮助母亲彭四英找到自己的宝贝，杨澜在自己的微博上转发了消息，希望通过微博的力量来帮助宝贝回家。学术界将2010年定义为微博元年，这一年里这个以百字构建的及时互通平台呈井喷状发展。而早在2009年微博刚刚产生时，出于职业传媒人的敏感，杨澜便开通了新浪微博，迄今已有1600多万的粉丝，如果再加上腾讯微博的1100多万粉丝，杨澜的微博粉丝多达近3000万之众。不同于先生吴征对于微博的定义"以一人之微见求大众之博解"，杨澜将自己的微博定位于个人化的分享和释放正能量的表达。杨澜有时会在微博上晒一下自己的政协提案，收集广大网友们的建议。有时她会倾诉自己对外婆的思念：天开始暖了。忽然想起小时候，这个季节外婆带我去住家附近的荒地里挖荠菜。每发现一簇我就惊叫一番。回家包荠菜猪肉馅的馄饨，味道鲜美无比。外婆就笑盈盈地看着我吃。如今荒地上盖满高楼，我也握不到外婆温暖而粗糙的手。有时她会转发《天下女人》的精彩言论：世界上好像没有女人为自己的一日三餐数算记录，一个女人如果熬到50年金婚，她会烧54000多顿饭，那真是疯狂，女人硬是把小小的厨房用馨香的火祭供成了庙宇了。有时杨澜会宠爱一下阳光少年艺术团的孩子们：联欢会刚结束，孩子们太棒了！龚琳娜与孩子们合作的《梦想号子》快乐而疯狂，音乐从心头涌出。最妙的是她问孩子们“知道什么是号子吗？”孩子们齐声回答“老鼠!”甚至有时杨澜也会幸福地秀一下与女儿的情感互动：带女儿去看电影《Brave》。红发小公主与妈妈争吵，到巫婆那儿要了魔法试图改变妈妈的心意，没想到把妈妈变成了黑熊，而国王正是猎熊好手！看完电影我心有余悸地搂着女儿，语重心长地说：“丫头，将来如果我们吵架了，你别把妈妈变成熊啊！——变成猫行不行？”

观点，细节，故事，情怀，女性的力量在微博上和风细雨，却又渗入人心。著名的女性学者阿伦特曾对“积极生活”的三种活动作了区分：劳动、工作和行动。在她看来，“行动”作为三种活动的最高形式，其根本意义在于行动最能体现人之为人的存在方式，唯有通过行动，一个人才有可能在公共生活中显示“我是谁”。以往雄性力量统治的政治、经济领域，带来不断的失望后也让人们产生了某种“审美疲劳”。而当下，在全球范围内，一系列的女性人物用自己的行动，合涌成粉红之光，提振着人们的精神，重新对这一切寄予希望，女性力量本身也因此连动成风潮。

2010年10月5日，杨澜在纽约参加《财富》杂志The Most Powerful Women 论坛，美国总统奥巴马担任此次论坛的演讲嘉宾。奥巴马用自己外祖母的事例赞许女性在家庭和职场上的成就，鼓励年轻女性追求梦想。奥巴马的父母离婚后，自己被妈妈送到夏威夷，交给外祖母玛德琳抚养长大。外祖母只有高中学历，为了使奥巴马过上更好的生活，能去私立学校接受更好的教育，外祖母在一家银行找到一份秘书的工作。每天早上5点起床，坐公共汽车上班，一直持续了 20 年，直到 20 世纪 70 年代初，外祖母玛德琳通过自己不懈的努力，成为夏威夷银行第一个女性副总裁。奥巴马赞赏自己的外祖母：“她是家庭的支柱，她身上体现的是女性非凡的才能、力量和谦和的精神。”

奥巴马的外祖母就像天下所有的女人一样，通过改变自己来改变周遭的亲人，再用一种润物细无声的姿态去滋养世界。这种力量是一种绵柔的永不放弃的争取。2008 年，美国大选投票前两天，奥巴马的外祖母病逝，但是她在去世前寄出的支持奥巴马的选票依然有效……

* * *

THE HAPPINESS PROJECT

亲密是一种蜜，

需要父母和儿女的合力酿造；

亲密需要表达，

哪怕我们说出的全是最简单的话语。

第七章

CHAPTER 07

我爱你、谢谢你

年轻时的任务就是把父母灌输给我们的“真理”推倒，来彰显我们的独立。有时候想想做父母的还真要有很强的心理承受力。而我们什么时候去了解过父母的青春，他们曾经的浪漫与激情，疯狂与叛逆？

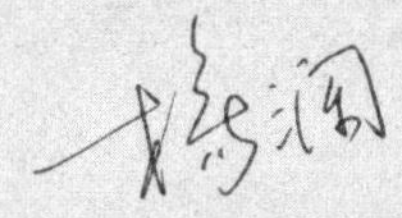

中国的父母与孩子之间一直不是很擅长表达感情。比如“打是疼骂是爱”，不仅听起来不合逻辑，而且多少算是家暴。打就是打，爱就是爱。说起孝道吧，古有卧冰求鱼、舍身飨蚊的，也嫌做作——你就凿个冰窟窿或是挂个蚊帐不就行了嘛！而且形式化，代表就是给老人洗脚。有一个中学为了教育孩子们孝敬父母，在操场上举行千人同时给父母洗脚仪式，一时间水花飞溅，盆罐齐鸣。那么私人的事，成了大阅兵，多不好意思；况且这个年龄段的父母弯腰根本没问题，他们还不想被看成不中用的。在强调孝心与感恩的同时，能不能多谈谈“理解”和“爱”？

艺人梁咏琪之前不理解自己的父亲。她十几岁时父母离异，在她眼里父亲是个缺乏责任感的男人，以至于父女感情一直淡薄。即使她后来入行做了大红大紫的艺人，也很少在经济上帮助父亲，好像他的窘迫、他的辛苦都是某种报应。但是有一天，就在父女不咸不淡地喝茶时，父亲笑着说自己到了退休的年龄，但还是闲不下来，偶尔在外面接点活儿干，说明自己还有用。作为女儿的Gigi突然心中一酸，知道父亲其实是好面子，哪里是闲不住，分明是手头紧。她在心里喊着："要点什么吧，无论你要什么我都给你！"然而父亲终究什么也没要。望着父亲的背影，梁咏琪读懂了父亲的愧疚和自尊。多少年的心结打开了，女儿在心里原谅了父亲，尽管父亲可能并不知道。

台湾演员、作家胡因梦从小跟妈妈是冤家。父母的婚姻不幸福，母亲焦虑而有强烈的控制欲，使得母女之间的关系相当紧张，只要见面就吵个没完，有时候她简直感觉妈妈是有意折磨自己。母女俩一直无法真正谅解对方，直到母亲咽气的时候，似乎有一种巨大的对抗能量在瞬间瓦解。充满遗憾的胡因梦对她说："妈妈，下辈子来做我的孩子吧。"数年之后，她高龄产下女儿，惊异地发现女儿在许多习惯方面比如吃东西的口味酷似母亲。她突然觉得那未了结的母女之缘正在以另一种方式继续。这时的她，通过身心灵的修养，走出了长年抑郁。她意识到母亲曾经生活在巨大的苦痛中无力自拔，只能用对抗证明自己存在的价值，守住手里的金钱以获得某种安全感，甚至在临终前念念不忘的还是股市的波动——她不知道生命还可以有更大的价值。胡因梦同情母亲的际遇，理解她的挣扎。她发现，当对抗被理解替代，她对待世界的态度也变得柔软起来。而我们，读到了她翻译的克里希那穆提的《爱的觉醒》。

青春期的叛逆有时来得异常猛烈。年轻时的任务就是把父母灌输给我们的“真理”推倒，来彰显我们的独立。有时候想想做父母的还真要有很强的心理承受力。比如有莫文蔚这样自由率性的女儿就让父母又骄傲又操心：在伦敦好好地读着书就去参加面试演舞台剧；去拍了一张全裸的背影照片做唱片封面，并声称事先“忘记”告诉妈妈了；又有一次因为不满意所染的金黄色头发，干脆去剃了个光头，让开门的老妈哑口无言！

而我们什么时候去了解过父母的青春，去了解过他们曾经的浪漫与激情，疯狂与叛逆？有一天，我听70岁的母亲说起中学时代父亲怎么大胆地约她出去看电影，要知道一旦被老师发现将有无限麻烦。但她还是去了，或者浪漫就是和某种冒险甚至犯罪感相联系的。而72岁的父亲这时不紧不慢地说了一句：“可是你不知道，为了买那两张电影票，我可是有好几天没吃早饭咧！”我突然在脑海中勾勒出少女惶恐又勇敢的面孔和少年清瘦却骄傲的身影。那面孔与身影是熟悉而陌生的。而正是这对痴情的少男少女在若干年后对自己16岁的女儿说：“中学期间绝对不能谈恋爱！”不公平！

马伊俐出演电视剧《风和日丽》的女主角杨小翼，一个属于妈妈那个时代的女性。不少年轻观众给她写信说看了这部戏突然理解了爸爸妈妈的青春。马伊俐的父母都是上海知青，十五六岁去江西插队，并在那里相恋、结婚。等到知青大批返城时他们傻了，因为结婚的知青拿不到城市户口。当时只有一个办法：假离婚。于是爸爸带着伊俐住在爷爷奶奶家，妈妈住在自己父母家。为了经得起居委会的不定期抽查和周围窥探的眼神，两人要见面只能偷偷摸摸地约在夜晚的外滩，时间也只有半个小时而已。分开的时候，父亲抱着女儿在头里走，母亲尾随，一直跟到弄堂口，看着他们的身影消失在黑暗里才哭着走开。妈妈总是一边织着毛衣一边回忆起这段经历，让马伊俐唏嘘不已。

不管是否愿意，我们都常常重复着父母的某种生活轨迹。秦海璐说她有11个旅行箱，一年四季的衣服都在里面。她永远在路上，总想年轻时要多挣钱为了老的时候可以生活。有一天想起自己的母亲，她属于20世纪80年代第一拨下海做生意的，也曾经忙得不着家，以至于她都不知如何跟妈妈撒娇。妈妈想把所有的经验都传授给女儿，曾经对16岁的女儿说："记住，这辈子无论是你的兄弟姐妹还是父母爱人孩子，他们都没有义务让你快乐！能让你快乐的只有你自己。"我想这是一位母亲的肺腑之言，也是一种极具不安全感的心理暗示。女儿变得独立而辛苦，也就是情理之中的事了。直到有一天女儿把挣到的钱寄给妈妈，对她说："您说的不对。起码能让你快乐的还有我。"最让海璐开心的是妈妈终于学会花钱了——洗澡之后花6块钱让人给自己按摩一下肚子，感觉很奢侈。

父母年纪大了，成了需要照顾的"孩子"。海清在《心术》里出演美小护，电视剧拍摄期间，她的父亲突然病重。她一边拍戏，一边操心家里随时打来的电话，只恨自己不能在身边尽孝，但父亲总说女儿如果耽误了一大剧组人，他反而心不安。海清是独女，这时候就是家里的顶梁柱，去门诊挂号、去找医生、去转院，心力交瘁。一次，把父亲送进手术室，医生突然说刚送来一位遭遇车祸的，伤得很重，要海清等一等。这怎么能等呢？但没有办法。那一刻的无助反而让海清平静下来：别无选择，只有面对。在楼道里煎熬了数小时后，终于等到父亲从麻醉中醒来被推出来。她俯身温柔安慰道："爸爸，没事了。有我在，不用怕。"老人抓住女儿的手，只说了三个字："谢谢你。"海清泪如雨下。

香港导演许鞍华也是在长大后才试图去了解母亲的。16 岁那年父亲告诉她其实母亲是日本人，在战乱后留在香港却被婆婆禁止说日语，她才理解为什么妈妈会时不时地流露出孤独落寞的神情。于是在她导演的自传体电影《客途秋恨》里，才有了陆小芬和张曼玉扮演的母女从抵触对抗到相互疼惜。一直未婚的许鞍华与母亲生活在一起，妈妈从不催促她的婚事，也不盘问，似乎从未担心过女儿的判断力。或许是因为她相信，人难免孤独，而女儿也在妈妈的沉默中体会到了接受和尊重。妈妈一天天变老，终有一天将带着她所有的故事离开，这让许鞍华把目光投向了人生的终点。在她屡获殊荣的电影《桃姐》中，一位老保姆在简陋局促的养老院里的最后日子，无论是凄苦还是温情，都是淡淡的。那份节制是否来自许导对生活特别是对母亲的体味？一直恐惧老年的许鞍华告诉我们她不再害怕变老："毕竟，总有一些人跟我们一起老去，而无论日子多么艰难，总有一些理由让我们对生留恋。"

生命中一个巨大的秘密就是我们究竟从父母那里继承了什么？相貌、体征、性格、手艺、知识、情操、财富、人脉、命运、信仰？它们又是怎样与我们的教育环境和成长经历发生了无以计数的化学反应，而让我们成为独立的个体？为什么有时我们最不喜欢的父母的某些特质恰恰出现在自己的身上？而他们的高大形象会在多年之后回归平凡？我们真的在按父亲的形象找丈夫或者按母亲的形象找妻子？父母的生命又如何在我们以及我们的孩子身上延续？我能肯定的是，我对他们的爱不需要理由，正如他们对我的爱；他们不必完美高大正确，正如他们从未这样要求我们。真想对他们说："亲爱的爸爸妈妈，让我拥抱你们，正如你们曾把我抱在怀里；请依靠我，正如我曾依靠你们的指引。"

* * *

吴征曾经对杨澜说：“我要带你去看世界。”正是这句话深深打动了她。早在 1995 年，这两个热爱旅行的人就已经到过希腊，在象征智慧与梦想的神庙前留下了青春的身影。

“人们常把女人的婚姻称为‘第二次投胎’。其实在女人大多有独立经济收入的今天，生儿育女，才是一个女人脱胎换骨般的改变。能无保留地去爱真是太美妙了，孩子的成长真是太美妙了！”

天地有大美而不言。在如画的风景里面，人的精神气质也如画般清澈、自然。当杨澜洗掉妆容，褪去华服，在天光透亮的环境中与丈夫依偎在一起，更有一种安宁、喜悦，以及水样的温柔。

陌生的角落里，我们是彼此最熟悉的人。烦琐的生活几乎要将生命榨干，而旅行的记忆，会在不经意间带来拯救和滋润。

谈到男女和爱情，人们喜欢到一些有着某种象征意义的所在去寻找印证。在印度的“爱情圣殿”泰姬陵前，杨澜是否也曾在心中默念爱情的承诺与誓言呢？

父母是我们在世间最纯粹的“亲人”，但越无间的亲密关系越是容易经受彼此间的无意伤害，从青春期的反叛到成人期的反思，我们在学会亲近的历程中感悟亲情的温馨。

——朱冰

谈起父母时，我们会说些什么

当我们谈起父母时，我们会说些什么？

无尽的温馨？抑或，些许的复杂？这是一个自下而上的视角，也是一种不太惯常的思量，更是一轮对母女、父 女亲密关系的再启蒙。

和妈妈的战争似乎是女儿们成长路途上必演的戏码，母女斗智斗勇的桥段成为青春期百味杂陈的重口味一种。负责操百般心的母亲大人，仿佛就应该是第一个被瞄准的反击目标：不准靠近男孩，不准裸露身体，不准吹口哨，甚至不准晚于几点钟回家，这统统是女儿们发动与母亲战争的种种借口。对于最后一条：几点钟必须回家，杨澜的父母很早就定下了苛刻的“宵禁”：不论多么热闹沸腾、被描述得天花乱坠的同学聚会，晚上 9 点前都必须回来。这条规则为少女杨澜带来了心理上的波动与焦虑，以至于一到晚上就神经兮兮、不停看表。有一次，杨澜实在想参加同学们的元旦跨年活动，就大着胆子狠下心来，跟父母撒谎说这是班里组织的活动，必须要参加。这个小谎话让杨澜赢得了一晚上的幸福时光，大家在一个借来的练功房里吃吃喝喝，又笑又闹，到了零点钟声敲过之后，还一起骑自行车上了长安街！同学们将单车骑成一排，肩并着肩，大声唱歌，无比威武飒爽。杨澜在这一晚的活动中，玩心得到了极大的满足，这次“偷来”的放风让她兴奋不已。但不幸的是，谎言最终暴露，一顿严厉的惩罚自然是没躲掉。“不仅是纪律问题，更是品德问题”，爸爸妈妈果真生了气，连着三天对杨澜不理不睬，直到杨澜痛哭流涕地认错，这事儿才算了结。

为了禁止女儿与同学们一起远足，作家赵赵的母亲做得更绝，她将赵赵的自行车藏了起来。藏在了哪里？极端有创意的藏法，她生生地将自行车高高地挂在了墙壁的暖气管子上！赵赵也不示弱，趁母亲不在家，立刻发动同学前来援助，一众人费了劲地往下搬，边搬边感叹母亲威力的巨大。回忆青春期与母亲之间的斗智斗勇，赵赵与杨澜在一起发出了感慨：其实每一个妈妈都有让我们感到特别感动、特别温馨的时候，但也有让我们感到气从胆边生的时候，对不对？！

柔软，温情，再加一点点摩擦，是母女之间情感的特质，也是两代女人之间有趣的行为艺术，但前提是，这位妈妈要有点“不靠谱”。作家蒋方舟少年时写过一篇文章，悄悄贴满家里的角角落落，这篇文章有个“可怕”的名字，叫《出售妈妈》：她的眼睛特别敏锐能够发现你的任何秘密，她总是说一些有学问的话随时准备改正你的任何缺点，她还是一位出色的老师随时准备把你培养成作家，而且她不会吃很多你们家的饭，因为她正在减肥。一年包换，十年包修，售价一千两百八十万（文章背后还附上了家里的电话号码）。当杨澜担心地问道："这样写她，你妈不生气啊？"蒋姑娘不置可否，而是将自己与母亲的此类互动定位成母女之间的行为艺术，上下两代的交流像同龄人，"没大没小"，她甚至还虚构过一篇文章，叫作《妈妈的婚外恋》。父亲非但不生气，还十分客观地评价这篇文章很有创意。可爱的妈妈、开明的爸爸，这样的家庭氛围应该很舒服了，但上小学的时候，蒋姑娘就实施了第一次"离家出走"，刚刚英勇神气地迈出大门，妈妈自有降服的办法：你可以走，但你的头绳、鞋子、衣服，都是家里的，你得留下。蒋方舟顿觉理亏，就纷纷卸下"家里的东西"，光溜溜地走出去了，结果只走了十米左右，就不好意思地折返家中，和妈妈又恢复了和和美美的状态。

出走与和解恰恰映照了女儿与母亲之间既妄想挣脱又彼此牵绊的特殊情感。在杨澜的策动下，《天下女人》与新浪网曾经联合做了一个调查，议题是"你对母亲的感觉"：A. 没有太多的感情；B. 总是有一些怨恨或者埋怨；C. 很尊敬；D. 非常爱她，心怀感恩。结果近一半的网友都有交叉选择：B和D。正因为母亲与女儿之间有着太过紧密的关联，使得她们无法精确又清晰地彼此界定，也许B在青春期来得更为突兀与猛烈，但D是生命给予真正成熟的女儿的厚重馈赠，即使这个妈妈真的有些不靠谱。

对于台湾艺人曾宝仪来说，“妈妈”曾是一个让她感到尴尬、给她带来痛苦的称呼。曾宝仪的父亲曾志伟是港台影艺圈内举足轻重的代表人物，在台湾经营某歌厅时，在自家歌厅的一次演出中认识了王美华并结为伉俪。王美华也就是曾宝仪的亲生母亲。王美华年轻时就以唱歌来支撑一家大小的所有开支，18 岁嫁给曾志伟后，结束了为一家人的生计而发愁的现状，但也因此过上了孤独寂寞和永远等待的生活。三年后，难以忍受冷落的她留下一封长信，将只有三岁大的女儿阿宝（曾宝仪）和另一个只有一岁半的女儿留给爷爷奶奶，踏上了另外的旅程。但她万万没有想到的是，她与女儿曾宝仪也开始了一段长达二十几年的情感纠结。从此，“妈妈”这两个世界上最温暖的字给曾宝仪带来的只有尴尬，每次学校老师布置写作文《我的妈妈》，甚至过母亲节都是让她感觉痛苦的事情，为了应付老师，她拿出了写剧本的本事来编造与母亲的故事，但这样的故事可以骗过别人，却骗不过自己。于是，她决定放弃心中的“母亲与父亲”，每次写作文《我的父亲》就写成《我的爷爷》，《我的母亲》就写成《我的奶奶》。当她考上大学，终于有机会与母亲重聚一起旅行，谁知带来的是一路与母亲的暗战——似乎是要惩罚一下母亲，无论她问什么，曾宝仪一律不回应。一个星期下来母亲与女儿果真一路无话，冰冷到底。

直至她成长到 20 岁出头，自己到了妈妈该生小孩的年纪之后，才开始重新打量母亲过去的经历，开始对其在婚姻中遭到的不幸感同身受。最后，曾宝仪选择了体谅母亲：“我感谢她。是因为她没有为了背负一个好妈妈的名义，硬着头皮，在她身无分文的时候，带我跟妹妹走。后来的她是居无定所的，而我和妹妹在爷爷奶奶身边非常稳定地长大，还算人模人样地长大了。”面对女儿的懂事，母亲王美华感慨女儿的大气，并说一直是女儿在为妈妈让步，做阿宝的妈妈就好像做姐妹一样轻松与甜蜜。为母亲“让步”让曾宝仪重新获得了缺失许久的母爱，妈妈开心成为曾宝仪最开心的事情。“以前，我脾气太硬，太想成为一个不让父母担心的、独立的女孩子，而忽略了其实做父母的，必须要在儿女真的像儿女的时候，他们才有做父母的感觉。”带着这份思考，曾宝仪还拿出了专门补写的文章《我的妈妈》：我的妈妈是个小孩，所以不要用大人的方式对待她，不用讲道理，顺着她就好了。智慧的女儿用一份妥帖的理解与爱，找回了母女两人冷却多年的亲密。

血缘关系是先天的，亲密关系的建立却需要后天的过程，这个过程中又充满了未知的主动与被动。美国注册婚姻和家庭治疗学家卡瑞尔·麦克布莱德在著作《母爱的羁绊》中从一个独特的角度来考察母女关系中复杂的心理状态，读来平实温暖却又发人深省，书中列举大量女儿们的心声，令人同情。爱来自父母，令人悲哀的是，伤害也往往来自父母，而这爱与伤害，总会被孩子继承下来。当父母成为先天的父母，儿女与他们关系的调适，乃至伤害的消弭，也许只有依靠后天的自助来渐渐完成。

自助，帮助我们体悟母亲，带领我们真正亲近母亲。演员邬君梅有着一位同样享誉上海滩的演员母亲朱曼芳，在母亲的影响下，加之自己的奋斗，她的生活与职业呈现着越来越大的格局，成长为有世界影响力的华裔女演员。当面对好朋友杨澜，邬君梅形容与妈妈之间的故事说半年也说不完。年少时与母亲之间一次歇斯底里的争吵让她至今难忘，面对女儿的失态大叫，母亲一语不发转身离去，再回来，已经是两个小时之后，好像什么事情都没有发生。彼时的女儿甚是惊愕，直至历经多年的闯荡世界，成年之后才懂得了母亲的独特做派。正所谓“有其母必有其女”，正是母亲将这份倔强和骄傲传承给自己，鼓舞着自己在异域的艺术世界勇敢打拼。如今，拥有了事业成就和美满婚姻的邬君梅和母亲的关系有了更为笃定的亲密：“我这一辈子所做的每一件事情都希望能让母亲感到骄傲。我和母亲的亲近程度很难用语言来描述和形容。她和我不仅仅是身体上给予与被给予的关系，我们之间相互理解的程度超出一般母亲与女儿的关系。自从我结束了青春期年少叛逆的心态之后，就不再以一个女儿观察母亲的角度来看我妈，而是从一个女人欣赏另一个女人、一个演员观察另一个演员的角度。同时我也在不断地成长，所以我们是两个互相目睹对方成长的一对母女。”伴随着父母年龄的增长，杨澜与父母的亲密关系也在递增，作为女儿，母亲在她的心中变得越来越可爱，一对老人成为杨澜给予重点疼爱和保护的大宝贝。

自助，在引领我们亲近父母的同时，也在某种程度上实施着对他们的“叛变”，那是对父母传授的真理的重新思考，是更多忠实于自我内心的逆生长。在成熟后回头看，之前发生的冲突、抗争、流泪，似乎已经失去了其具体内容，只留下了一层意义的空壳，在岁月的插科打诨中，也早已忘记了当时切身感知、发誓不忘的委屈和愤愤，只是一遍遍验证着独立后的成就。美国精神分析研究员维奥斯特在《必要的丧失》一书中用这样的话来替成长中的孩子们说话：当我说起“我”时，是个独一无二的、不与其他任何人混淆的“我”，在我为独立而努力的时候，就让爱来鼓舞我吧！

启蒙，需要自助。正如一句颇有哲理的箴言：鸡蛋，从外打破是食物，从内打破是生命；人生亦是，从外打破是压力，从内打破是成长。在一个越来越关注心理质量的时代，杨澜始终重视心理学的参与，从第一期节目开始,《天下女人》就邀请了心理专家，为嘉宾和现场观众进行心理疏导。一个急剧变动的时代需要不断更新视角来安顿好自己与他人，而如何缔造与亲人的亲密关系尤为重要，因为真正影响到我们的就是自己身边的数位亲人。“亲人是祖先派给你的朋友”，如何与这些特殊的朋友处理好关系，关涉着我们日常生活的基础质量。

虽然心理学有着诸多的支流与学派，但每个女性都可以在心理学的参照下，采取自助的方式，找到自己与亲人拥抱的途径，实现亲密关系的实质达成。

伴随着对亲情话题的关注，2006 年《天下女人》发生着改变，这份改变与一位新任制片人的加盟有关，她就是央视谈话节目《实话实说》创办人之一的乔艳琳，走过《东方时空》《实话实说》《半边天》《人物》等经典电视栏目的她，是中国电视黄金时代的重要参与者与策动人。这一年，孩子刚刚三岁的乔艳琳做妈妈赋闲在家。在两人的好朋友敬一丹的引荐下，杨澜和乔艳琳结识，并决定执手共事，乔艳琳出任2006年度《天下女人》的制片人。

乔艳琳出生在北京万寿路军区大院儿里，这位从小跟着姥姥姥爷一起长大的姑娘，回到父母身边之后就开始进入“张牙舞爪”的青春期，和母亲的冲突尤其激烈，母女“决斗”一直持续到大学。大学里的氛围一下子海阔天空，看小说、写随笔，或者原地幻想，在20世纪80年代的校园中无比盛行。大学里的乔艳琳不屑于做标准意义上的“好学生”，这位以王朔和崔健为偶像的丫头每天穿梭于北师大风起云涌的各类讲座，疯狂吸收各种新思维和锐观点，青春岁月在忙忙乱乱中吸饱了能量。大学毕业时，乔艳琳做出了一个让全家都炸了锅的决定：她要逃离北京的金山上，远赴西藏。

她定位理想之地的标准只有一个：父母干涉不到的地方。这段“出走”的计划最终成功，且是长达五年《西藏新闻》的记者旅程。五年后虽然重返北京，精神上的出走却从未消停，西藏情结成为乔艳琳生命中独一无二的精神符号，源源不断却又悄无声息地鼓动着她。随着她的到来，杨澜回归自己擅长的人物访谈，换一种轻松的姿态来采访那些有影响力的女性，赋予节目更厚重的价值感。

父母与儿女的亲密关系在亲近与独立中得以达成。亲密，需要呼吸；成长，需要独立。从肉体和精神上脱离母体，是找寻自我的途径，这种冲动无论萌发得早晚，都来得很有必要，它使得我们拥有了重新感知生活、找到自我的机会，帮助我们与父母达成更为健康的亲密关系。因为，每个人，无论父母还是孩子，都需要对自己的生活掌握主宰权，正如英国著名小说家拉迪亚德·吉普林所说：在父母的家中，我是女儿；在自己的家中，我是主人。

* * *

亲密，要表达

“我站在停车标志旁，看见您开着车要拐弯。可是我并没有立刻意识到那是爸爸您。因为那个人开着车，又在那部大车的车轮后面，就显得他岁数很大，身体也很虚弱的样子。可我却感到不知从哪里飞来的一记耳光似的重重地打在我的脸上，也许，那是我第一次‘看见’您的年龄，也许，只有我自己看见罢了。”

这是摘自网络的一封信的片段。在父亲节来临之际，一个女儿写给 84 岁的老爸。笔触幽默，又渗透着酸楚。父亲从强大到衰老，似乎是一夜之间，做女儿的，又有几人得以“看见”父亲的这个瞬间。久违的亲密，在双方的忽略中、在时光的流逝中，变得不再被轻易“看见”，更遑论那些需要主动努力才能找寻到的亲情宝藏。

2006 年，一部富有实验色彩的电影《无穷动》，带着它特有的黑色幽默和激情，深入地触及了变革时期中国社会成功女人的内心世界，政治事件、家庭悲剧和情感纠葛于作品中纠缠不已，颠覆性的女性视点表达震动了坊间。“第一次到监狱看你，我拼命地哭，可是你一眼都没看我，你就是看我一眼说，你怎么长这么高啊？然后你就再没看我，你拼命看别处，我现在猜，是你不想让那些看守看出来你有什么感情流露，你可能觉得如果当他们面流泪，你就显得太软弱了。”刘索拉在片中这段回忆父亲的自传式独白，让杨澜产生了心灵的悸动。

在任何类型的男女关系中，父亲与女儿的关系美妙又微妙，作为女儿生命中最重要的男人，他是第一个异性偶像，又是深度的精神依赖。但一个扭曲的时代对父女亲密关系的摧毁彰显出了致命的破坏力，它使得一位父亲丧失了对女儿表达亲密的能力。刘索拉出生于北京，祖籍陕西志丹县，父亲曾任民政部副部长，伯父是中国工农红军高级将领刘志丹。1968 年 5 月，父亲被以“现行反革命罪”逮捕入狱，八年后释放出狱。父亲面对女儿，没有任何表情的酷是男人的伪装，抑或亲密的不适？亲人之间断裂的温情还未及在团聚后的日子里铺开，一个更酷的女儿伴随着 80 年代扑面而来。当父女重逢，生活趋于平淡，信仰不同造成的争执与矛盾又在困扰着他们。作为 80 年代中央音乐学院的大学生，刘索拉试图在音乐作品中表达叛逆。既传统又正统的父亲对女儿的做法很生气且不理解，他没想到女儿学习艺术竟然是以这样的方式和路径，更不能理解女儿的音乐和艺术表达。

这些时代带来的隔阂与差异，像长满小倒刺的枝枝蔓蔓一般，牵绊着、划伤着父女二人本该及时修补的亲密关系。当刘索拉远赴英国时，父亲录了一盘录音带，试图向女儿表达心声，这盘带子一直被刘索拉保存至今。直到父亲去世一年之后，刘索拉才通过报纸获知父亲去世的消息，荒诞如同戏剧情节，令人难以想象。没能参加这个生命中最重要男人的葬礼，成为刘索拉一生的遗憾与大痛。一段被政治绑架的父女情感，在通往亲密的道路上走得荒诞又悲凉。

不只是和特殊的时代有关，在传统的中国家庭，父亲的表情似乎也很相似，他们扮演着至高无上的家长形象，权威而沉默，习惯选择打骂的方式表现爱，或者含蓄到变态的方式“倾诉”爱，但这种爱往往只会破坏与伤害亲密关系。

2006年，著名华语歌手李慧珍带着新作品《寻找·李慧珍》亮相，这是她经历多事之秋后的重新回归。90年代中后期出道，正在事业上升期的李慧珍因查出患上脑瘤，被迫退出歌坛，负债，一场大病，父亲去世，在这一系列打击之下，不到30岁的李慧珍的确是伤痕累累，但此时的她依旧乐观，还带来了自己的母亲和妹妹。当她面对杨澜，面对2006年，与其说歌手李慧珍宣告回归歌坛，不如说是一位成熟女子在新节点上的生命回望。谈及六年前不幸被查出患有脑垂体肿瘤的悲惨一刻，她只用“无知者无畏”来应对，更让她刻骨铭心的伤痛与无奈是对父亲的回忆。

浙江女孩李慧珍从小就是女孩儿外表、男孩儿性格，而她的父亲则是一位大男子主义非常严重的人，从小对女儿暴力不断。有一次小慧珍因为要参加学校运动会，就为自己化了一个淡妆，没想到刚好碰到忙完生意回来的父亲，父亲不由分说将小慧珍带回了家，他极其愤怒地斥责女儿，面对不会解释的女儿，急躁的父亲一下将她扯过来，把她的头狠狠地撞在了镜子上，随着镜子的碎裂，小慧珍发现自己满头是血。当杨澜问道："那时候恨爸爸吗？"李慧珍很坚定地回答："恨，肯定恨，那会儿没法不恨。就算是对男孩子也不该这样吧，他打我，从不看场合，随便拿个什么东西，就抡过来了。"

家，常被我们用最诗情画意的语言描绘成玫瑰色的港湾甚至天堂。但实际上，"家既是爱的最主要的传递者，也是恨的最主要的传递者。"心理学家武志红在著作《为何家会伤人》中通过大量的事例和心理分析，为我们揭示了一些家庭生活中的心理真相，告诉读者传统概念中代表"温馨港湾"的家，如何悄悄变成了萌生和传递"恨"的地方。"没有父母不爱自己的孩子。我爱你，所以你要听我的……"依据2006年度发生的家庭事件，发布了2006年六个爱的谎言，向读者们近乎残酷地揭示着那些以爱的名义所行的伤害之实，而这些破坏的是最应该珍惜的亲密关系。

亲子关系研究领域的权威专家，斯蒂芬·波尔特博士在《父亲的因素》一书中强调：在童年的画面里，总是有父亲熟悉的身影，不论他对你疼爱有加，还是漠不关心，甚至对你暴力相向。也许你感激他、崇拜他，也许你怨恨他、淡忘他，父亲的因素始终都是一种影响你一生的超越死亡、性别和亲近程度的力量，影响你现在的生活与将来的成就!

当演员蒋勤勤提到父亲的时候，就用了“不苟言笑”这个词。在她的记忆中，与父亲永远是有距离的，父亲从来没有进过她的房间，永远只站在房门口，与她隔空对话。直到长大很久之后，蒋勤勤才与父亲有了第一次拥抱——在一次失恋之后，当她拿起衣服，准备出门，门口的父亲拉着她，劝她不要做傻事。那一次，父亲告诉蒋勤勤，世界上父母是最疼爱她的，并且第一次紧紧地抱住了受伤的女儿。这样曲径通幽式的亲情交流，像一股汹涌的潜流激荡于心底，开口说爱，用行动表达爱，也许才能让僵持的亲密流动起来。

并不是每一段亲情都能赢得最终的和解，连时间也等不及的表达只能徒增遗憾。李慧珍即是。直到父亲弥留之际，父女二人才真正地释放出埋藏在心底的全部感情。作为女儿，李慧珍在这一刻完全地原谅了父亲，她终于理解到，父亲粗暴的行为原来是怕她走错路，是在用他认为最牢靠的方式换得女儿人生旅途的一帆风顺。她急切地表达想要马上结婚的愿望，希望父亲能够留下来，而中风的父亲再也说不出什么话，只是紧紧地拉着女儿和未来女婿的手并放在了一起。几天后，父亲离开人世，李慧珍对父亲说的最后一句话是：“你一定要朝有光的地方走，避开黑暗。”当杨澜问李慧珍想要把刚刚录制完毕的全新专辑献给谁时，她说，当然是父亲，我想告诉他，我已经重新出发。

父亲的亲密鼓励对女儿有着无比的神力，央视主持人朱迅在自传中以《一个叫爸爸的人》为题记录了一段父女情深。2003 年的一天，朱迅刚刚得知父亲查出了癌症，但这时又不得不随《正大综艺》摄制组到阿根廷出差 20 天。这个时候怎么走得开呢？急了，去找爸爸商量到底该怎么办。爸爸笑着说："一旦住院了可就没好吃的喽，怎么样，请老爸吃顿好的吧？"父亲大口地吃饭，朱迅却一口也吃不下。她心里知道，父亲是在吃给她看呢。身为新华社老记者的父亲以乐观的态度让女儿放心出行。带着一万个不放心，朱迅离开病重的父亲，踏上了遥远的南美之旅。整整 20 天，从没有感觉过竟然那样漫长。在阿根廷莫雷诺大冰川，一尊用木头刻的印第安人头状的雕像，据说是当地的守护神，亲吻它就会带来好运气。女儿朱迅毫不犹豫地把脸凑了过去，虔诚地吻它。不管神力是否能远及地球另一端的中国，只为祈求保佑病重的老爸。当脚下的冰川忽然倒掉的那一刻，朱迅被告知父亲的手术顺利而安全地结束，似乎天地与神灵在冥冥之中佑护着这对父女。面对杨澜，朱迅将她与父亲的这段非常经历带到了节目现场，令她没有想到的是父亲专门录制了一段影像，当场表达给节目中的女儿："朱迅是我们的第三个女儿、最小的女儿，她的优点是非常孝顺，但是缺点呢，是有点太孝顺了！"病中的父亲依旧开朗与幽默，让杨澜和朱迅同时泪崩后，又大笑，就在悲欣交集中，一段美好又亲密的父女情感让人不胜唏嘘。

《天下女人》出现过型格各样的女人：感性女人、单身女人、精致女人、爱折腾的女人、豁出去的女人、给心灵松绑的女人、导大戏的小女人等，她们虽然来自不同的职业领域，在节目的温暖气场中，却往往自动转化为女儿的角色，自下溯上，倾情谈论“我的父亲和母亲”。或轻松，或沉重，或调侃，或流泪，这个话题牵出的是家族背景、性格习惯的源头，选择伴侣和职业的口味，种种信息微妙而复杂，可谓是干扰嘉宾情绪最大的话题，也成为她们最为动情的桥段。

亲密是一种蜜，需要父母和儿女合力酿造；亲密需要表达，哪怕我们说出的全是最简单的话语！

* * *

THE HAPPINESS PROJECT

当一个女人成为母亲，

她的美便秒杀了一切虚无，

她的世界开始焕然一新，

聆听婴儿啼哭的声音，

母爱苏醒，大地回春，

重获遗失在时光里的赤子之心……

第八章

CHAPTER 08

重获赤子之心

我相信女人比男人更接近上帝，因为她们更懂得爱。没有什么比孕育和生养一个小生命更能让人体会这神秘的力量。当助产士把呱呱坠地的婴儿捧到眼前，他是那么完美，让你只有崇拜和敬畏；他又是那么脆弱，一切仰仗你的哺育和呵护。剪断脐带，放他自由，从此牵挂，唯死分隔。

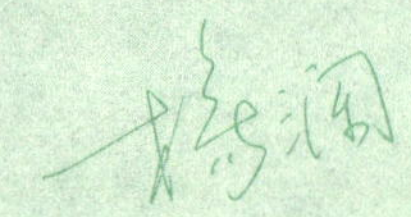

人们常把女人的婚姻称为第二次投胎。其实在女人大多有独立经济收入的今天，生儿育女，才是一个女人脱胎换骨般的改变。当然，有人决定做丁克一族，也没什么可大惊小怪的，但在这方面，我绝对还是鼓励女人要孩子那一派的。孕育生命真是太美妙了，能无保留地去爱真是太美妙了，孩子的成长真是太美妙了！但是今天的女性面临的一大身心焦虑，就是社会心理成熟越来越晚，到大学毕业了还是少女心态，可是身体还按老节奏走，生育特别是生育头胎的黄金年龄依然在22至30岁之间。以至于我有时跟公司里超过30岁还未嫁的女孩子们（她们当中有相当多的人还喜欢Hello Kitty）说：“不如先解决孩子问题，再解决老公问题，时间不等人啊！”她们因为我的这番言论而大跌眼镜。

《天下女人》做过不少妈妈经，有谈怀孕的，有谈生产的，有谈母乳喂养的，有谈产后抑郁症的……第一次出现妊娠反应，第一次在超声波上听到孩子的心跳，第一次与婴儿目光相对，第一次听到“妈妈”的呼唤……都足以产生热泪奔流心潮澎湃的效果。从此无怨无悔，乐于奉献，又爱屋及乌，小吾小以及人之小，胸怀世界，博爱人类，也皆顺理成章！女人说起这个话题的毫无节制，从编导们惊人的片比（成片与素材之比）就可以看出来。如果说今天的妈妈与过去有什么不同，一是她们的知识结构不同了，不太相信坐月子不许洗澡那些规矩——人家美国女人还喝冰水呢；她们会主动地（有时是过多地）学习育儿知识，并且在网络上相互交流。二是动手能力大不如前，没有妈妈、婆婆、月嫂、阿姨的帮手，简直寸步难行——过去女人一人生养七八个孩子是怎么做到的？三是自我认知不同，做了母亲仍然可以性感时尚，爱孩子，也要有自己的空间，一个乐活的母亲是给孩子最好的人生示范。四是职业女性多，产假之后一边上班一边还要做背奶妈妈，真是辛苦。遇上出个差加个班什么的，孩子在家里哭，妈妈委屈得哭，奶涨得生疼啊。

不过好在，今天的父亲们决定出手相助了。大概是终于认识到给 baby 喂食洗澡讲故事换尿布，是多大的一种幸福，同时又不忍心看妻子们一边工作一边照顾孩子被搞得筋疲力尽，爸爸们开始忘我地投入到抚养孩子的伟大事业中。也许是因为没有经历孕育生命的过程，爸爸们有着天然的争宠心，总爱问孩子是更爱爸爸还是更爱妈妈。妈妈们反而不常问这种问题。黄磊喜欢给女儿多妹讲故事。有一天多妹突然问他她有没有翅膀。黄磊说有啊！在哪儿啊？什么颜色的？多大？你怎么没有啊？黄磊就拿出超级编剧的本领一路狂编，什么翅膀是隐形的啦，什么现在是白色慢慢就变成彩色的啦，爸爸的翅膀给了你啦……真能编！女儿，让老爸想象力无限。胡军常年在外地拍戏，一回家婴儿车里的女儿不认他，还大哭大闹不许他睡在亲爱的妈妈身边，害得他只好抱着铺盖睡到沙发上去。过了一个月，有一天胡军正在吃饭，突然听到有人叫“爸爸”，接着又是一声！一回头，那个小不点正扒着婴儿车的边框朝他张望呢。那个醍醐灌顶、那个头晕目眩啊——做父亲的幸福！董余庆是位室内设计师，可现在没人叫他的大名，反而是叫“木朵爸爸”。他给小女儿画的成长日记，萌翻众人。只要一提起女儿，满脸就是溺爱的神情。因为爱得热切，几乎在女儿一出生就开始担心她出嫁那天啦，那个未来要娶我宝贝丫头的人，靠不靠谱啊？他说孩子对他的改变是让他对世界多了一份信心和乐观。说到底，是孩子拯救了我们。

孩子带给我们希望。当灾难超出我们的想象，更超出想象的是人的韧性和生命的顽强。2008 年我认识了不少在汶川地震中失去子女的母亲。痛不欲生实在不足以形容她们的绝望。但是生命是如此顽强坚韧，2010 年，灾区的新生儿数量迅速增长。黄长蓉来自绵竹，在地震中失去女儿和外孙女。她说地震后每天晚上，她都会梦见自己的孩子，然后哭醒。她的丈夫跟她商量再生个孩子，于是她在已经可以做外婆的年龄再次怀孕。生产时她大出血，几乎性命不保，而她在极度的虚弱中唯一的信念就是把孩子生下来！她来到《天下女人》时，正逢母亲节。后来，当我第五次去到灾区，访问汶川孤残儿童救助基金在绵竹建立的康复中心时，碰巧遇上她带孩子查身体。只见她抱着胖嘟嘟的儿子，一边喊着一边挤到我面前，脸上油光光的，不知是因为兴奋还是天气炎热。“杨澜，看看，我的孩子！”她的眼睛亮晶晶的，咧着嘴笑，全是骄傲。对于母亲而言，那是一种新生。我看到在废墟上新建的城市，更看到在心灵废墟上倔强发芽的新绿。

我儿子 4 岁的时候问我一个问题：“妈妈，人都会死吗？”“会啊。”“反正要死，为什么还要活？”振聋发聩啊！我好像回答他说：“因为会死，所以每一天都很珍贵，每一天都要好好活。”孩子是通过提问来教育大人的。也有例外，比如蔡春猪的孩子从来不问他任何问题——他本身就是一道让小蔡猜不出答案的问题。自闭症是怎么造成的？没有人能给出合理的解释。接到儿子是自闭症诊断结果那天，他开着车，与妻子一路无话。突然他问了一句：“我这 30 多年到底做错过什么？”泪奔。不过他决定，面对命运这个让人笑不来的玩笑，他要笑回去。他绝望但不表演绝望，他伤心但不表演伤心，因为，他是编剧，表演得另外收费！儿子不是喜欢水龙头吗？他外出时就收集各式各样的水龙头。儿子不是亲情冷漠吗？就抱着他去泡温泉，保准他把爸爸的脖子搂得紧紧的。别人的孩子向父母提问，喜禾的父母向他提问：“这是什么呀？”“这是几啊？”“这是谁啊？”喜禾不喜欢回答这些问题——哼，你们连这些都来问我，怎么配做父母呢？喜禾让爸爸开了窍：反正父母的责任就是替孩子操心，操心的内容各有不同，只管操心就是了。爸爸爱喜禾，不期待回报甚至不期待回应。老天，这就是所谓最伟大的爱吧？

对于子女健康的父母来说，操心的内容通常跟教育有关。在诸多教育理念中，我认同“好妈妈胜过好老师”，因为妈妈通常与孩子相处的时间更长，不仅影响着孩子对世界的认知，更对他们的情绪管理模式产生一辈子的影响。虽然我常常因为陪伴孩子时间短而自责，但也安慰自己说，如果他们看到自己的母亲勤奋地工作并且从中获得很多快乐，交到很多朋友，是否会让他们更勇敢地追求自己的梦想，享受生活的精彩？正如夫妻关系需要给予彼此成长的空间，孩子也应该被当作独立的个体去尊重。父母最重要的工作是帮助孩子找到真正的爱好和特长，获得自由、全面的发展，成为最好的自己，而不是将自己的某种意志强加于他们。人们常常过于关注一些孩子取得的“成功”和父母采用的“手段”，如获至宝般地加以传播，却不去研究他们与子女更深层、更个性化的沟通。无论是虎妈还是狼爸，都要视孩子的天赋和心理承受能力而为。还有一些广泛传播的理念，什么“富养女儿，穷养儿子”，根本经不起推敲，不论儿女，都要培养对待财富的价值观，穷有穷的尊严，富有富的节制。溺爱女儿会让她骄纵跋扈，苛压儿子易让他屈从权威。

坊间曾流传的《杨澜给女儿的 14 个忠告》的文章，其实是有人杜撰的。如果真让我给女儿提一些忠告的话，以下倒是我的真正版本：

1. 你是独一无二的，做自己，做更好的自己。

2. 忠实于自己的内心，对自己的选择负责。

3. 健康的身体会给你带来许多快乐，善待它。

4. 做自己热爱并且擅长的事，享受它。

5. 你的朋友必须是尊重你的人，否则不管他有多大魅力，远离他。

6. 爱的过程中有时你会受伤，这不是爱的错，不要害怕去爱。

7. 爱一个人要用他能接受的方式。

8. 你会尝试很多失败，但最大的失败是不敢尝试。

9. 有时不是你不够努力，只是还不到时候，耐心等一等。

10. 世上有许多我们不了解的事，保持开放的心灵和疑问的能力。

11. 人性有黑暗丑陋，也有光明美好，不要寄过高期望，也不必太过悲观。

12. 成长是一辈子的事，能成长的人永远年轻。

13. 你不可能让所有人都喜欢你，所以不必在这方面花太多精力。

14. 爸爸妈妈永远爱你。

当然我无法预设她的人生，以及她所要面对的所有难题，况且她已经显露出很强的个性，大概也不一定稀罕所谓的忠告。毕竟，那是她的人生。记得我上中学时，北京城里人们还大多穿着灰、绿、蓝。学校里要是有哪个女孩穿了红色连衣裙，那不仅是招摇，简直是示威。于是爸爸去美国做访问学者省吃简用给我买的一件红色大衣，平时只有挂在衣柜里的份儿。那是多么柔软的羊毛、多么漂亮的红色啊，在各种灰暗的颜色和粗糙的质地中，它像太阳一样散发光芒。在牛仔裤还被当作象征资产阶级思想的年代，我不敢穿着它上学，只有周末全家去公园时我才穿上它，在路人投射过来的目光中紧张而陶醉。我的女儿对色彩有着自己的看法。过 12 岁生日时她把我请到她的房间，请求把衣柜里红色、粉红色的衣服拿走，因为“它们实在太幼稚！”“那以后买什么颜色的衣服？”“黑色的。灰色的也行。”她酷酷地说。

哦，这是她的宣言。她跟我不一样！

孩子是女人原创的作品，女人却无法原创孩子的生活；孩子在母亲的各式经验中滋养长大，却在岁月的行进中距离母亲越来越远。我们从来没有像今天这样焦虑别离，也从来没有像今天这样渴望亲密。走近孩子，接触纯真，保持好奇，缔造亲密，让我们重获赤子之心。

——朱冰

走近孩子，感恩孩子

2011 年，中国传统虎年来临之际，地球的另一端，一位自称“虎妈”的美国华裔妈妈蔡美儿，因其出版的《虎妈的战歌》一书中严厉的逼子成才的教育方式，在美国掀起了一场“中美教育方法”的论战。2011 年 6 月 20 日，杨澜和蔡美儿相遇。一个是中国资深媒体人，一个是美国耶鲁大学法学院的终身教授；一个是坚持“宽松政策”的妈妈，一个是以严苛教育闻名的“虎妈”。且听两位妈妈的言语交锋——“你的书里有一句话引起了争议，你说自己的女儿是自己伟大的‘作品’。”虎妈并没有接招：“在英语中，我写的是，她们是我的‘骄傲和快乐’，我觉得那是拙劣的翻译问题。”杨澜继续“挑衅”：“但是在中国，我们依然会听到很多妈妈说，我的孩子是我‘伟大的作品’。这就像你把孩子看成某个物品，你是一个雕塑家，正把孩子按照自己想象的模样进行锻造，而不是把孩子看成一个有权成为自我的个体。”虎妈的态度不置可否：

“我认为那是一个误解，必须关注孩子的个性。我真的只关心她们最终幸福与否，但是我觉得这是一个复杂的问题。”

两位高知女性以各持真理的姿态将观点一一呈现，显然，杨澜和蔡美儿不是一个路数的妈妈。早在杨澜的第一个孩子尚未出生的时候，她就满怀深情地写过一封《给未出世儿子的信》，“儿子，爸爸妈妈将是扶着你起步的第一人，等你会走、会跑、会跳了，我们便会放开双手，让你自由地前进。但我们的视线将永远关注着你，我们的心将永远牵挂着你。你勇敢地去这个世界探险吧。记住：即使你失败了，你的爸爸妈妈也会永远爱着你。因此，你可以无所畏惧。”与蔡美儿教授给孩子制定的严苛的十条军规相比，准妈妈杨澜早已经将尊重与自由赋予了未来的儿子。

15 年后，2012 年的母亲节，杨澜幸福地通过微博向天下女人们祝福：“母亲节快乐呀，妈妈们！早晨女儿还没钻出被窝，就给了我一个睡眼惺忪的甜蜜拥抱；儿子不屑于这么肉麻，在我脸颊上稀里糊涂地亲了一个：‘老妈，今天是不是请我们撮一顿啊？’老妈杨澜回道：‘咱哥们儿，好说好说。’”微博的字里行间，充盈着母亲杨澜的喜悦和骄傲。

“谢谢孩子给我们做妈妈的机会！感恩孩子。”随后的这句感慨，非但没有身为父母的威权色彩，更颠覆性地将“感恩”两个字赠予了孩子。这是杨澜式的典型亲子态度，孩子不是父母的作品，让父母任意涂抹；也不是父母实现梦想的工具，任父母调遣。作为父母，不仅要尊重孩子个体，更视孩子为上天奖赏的最美好的礼物。孩子们来到这个世界，就是为扮演天使和哲学家的角色，负责给迷茫的成人世界带来爱的美好与启迪。

社会学者陈映芳在《图像中的孩子》中这样描摹孩子的“价值”：对于成年人来说，孩子首先象征着身心的纯洁和道德的纯粹。成年人在有着“纯洁”品性的孩子面前，既憧憬向往又自惭形秽。就像人们需要并相信神的存在一样，人们需要且相信纯洁的人——作为孩子和天使，还有天使一般的孩子。西方文化中孩子的天使形象以及中国文化中对孩子“童心”“天真无邪”的赞颂，都是基于对孩子的纯洁性的想象与向往。其次，孩子是成年人的生活记忆、精神故乡的象征物。虽然说人们大多认为孩子是与成年人不同的，但这两种人之间有着天然的关联——所有的成年人都曾经是孩子，孩童世界是成年人的心的故乡。

黄磊以治愈系好爸爸的形象与杨澜分享自己与女儿的故事。在与女儿相处的过程中，黄磊充分发挥自己电影编剧的才能，通过编童话故事的方式与女儿沟通。女儿的问题仿佛具有神奇的魔力，带领着他从现实中的“小王”重返童年时的“小王子”时代。黄磊带着孩子成长，其实是自己跟着孩子重新长了一遍，这些童话世界恰恰是孩子们营造的，他们每天自然而然地用童话的方式思考，就像小王子一样，他们每个人都可以有自己的星球，每天看几百次日出和日落，可以为了一朵玫瑰花用尽所有的心思。每个爸爸妈妈跟孩子一起成长的过程，就是寻找回到那个长满猴面包树以及长着自己最珍爱的玫瑰花的星球的返航路程。然而长大之后，小王子就要被裹挟进成人世界的社会进程里，小王子就变成了小王。作为治愈系的老爸，黄磊处心积虑要做的，就是让长大后的女儿在成为“小王”的同时，也能有很多做回“小王子”的瞬间。

“孩子会通灵，他们的世界是最纯净最美好的”，这是黄磊的观点。而心理学家也总结说，孩子更靠近真理。在意大利罗马城中的一座教堂里存放着一块雕刻着海神头像的圆盘，它就是著名的“真理之口”，据说是世界上最古老的测谎器之一，传闻说谎的人，若将手放进“真理之口”，手就会被咬断。在《罗马假日》这部电影里，派克扮演的记者佯装把手伸进“真理之口”中而手掌被咬断，吓坏了可爱的赫本公主。作为知名的景点，每年这里都会吸引来自世界各地的游客，儿子 5 岁的时候，杨澜带他来这里游玩，顺便也让孩子体验一下古罗马的文化魅力。就在母子两人排队等候的时候，妈妈发现了儿子有点局促不安的表情，憋了半天，才弱弱地说了一句话：“妈妈，我能告诉你一件事吗？”妈妈佯装很严肃地点了一下头，然后儿子很快陆续交代了“偷”吃妹妹糖、家中的花瓶是自己打碎的等等各种内幕。妈妈看着儿子可爱的小脸，再摸一下他冰凉的小手，油然佩服起孩子的诚实与勇气，为什么在孩子们看来是天大的事情，作为成人的父母们，只是习惯于将这一切当成笑话？成人们跑遍全世界去寻找生活的真理、翻遍典藏文籍去体悟人性，岂不知孩子们的真实与纯净才是我们最好的启蒙。当妈妈们在“真理之口”前嘲笑孩子的幼稚时，上帝似乎发出了一声悠长的感叹：女人啊，真理在心灵的圣殿中，孩子在真

武侠小说家古龙说，爱笑的女孩子运气不会太差。而从杨澜身上，我们似乎可以得出这样的结论：爱笑的女人，总会离幸福更近。

杨澜说汪峰是一个“摇滚诗人”，在他的音乐里面，不灭的激情以及对生命终极意义如雷鸣闪电般的追问，让每一个可能面临精神萎靡的普通人猛醒，并重新对并非完美的世界充满热望。

幸福有多重要？曾经“抑郁”的崔永元对此必定深有感触。同处传统价值观迅速崩溃、新的价值观不断重构的时代，每个人的思考都在推进整个社会的觉醒。幸福，需要思考的热度，更需要人性的温度。

每一天，杨澜都隔着大大的办公桌，与这尊表情宁静的菩萨遥遥相对。菩萨褪去了印象中常带的璎珞、珠宝、缎带、头饰，唯有纯洁的身体与憨然的神态，平静而快乐。一种如其本来的蜕变，引人遐思，解人心怀。

理的宝座上。

孩子，你的到来，无论是以什么方式，都是上天给予父母的礼物。喜禾是上天给予蔡春猪最珍贵的礼物，不过这份礼物有点特殊——喜禾被确诊为自闭症儿童。自闭症是唯一一个既无病因，又无法治疗，仅有诊断的所谓“病”。“你到医院去一趟，你拿到的不是诊断书，而是一个判决书，遇到这种病，除了接受没有别的办法。”对于喜禾爸爸来说，最伤心的便是孩子没有情感的表现，喜禾沉浸在自己的世界里，对于哪怕至亲的父母都没有情感回应，他甚至都不认识爸爸妈妈，长到两岁都没有开口喊过一声“爸爸”。生活并不在掌控之中，唯一能做的就是接受它。小蔡把这一份不幸化作一种无奈的幽默记录在微博里，父亲蔡春猪“写给儿子的一封信”感动了数以万计的网友：吾儿，我都能想到你收到这封信的反应——你撕开信封，扯出信纸，然后再撕成一条一条的，放进嘴里咽下去。你这么做，我认为原因有三：一、信的内容让你生气了；二、你不识字；三、你是自闭症，撕纸就是你的一个特征。不知道你是哪一点，盼回复。爸爸将对儿子喜禾无穷无尽，但又无法到达的爱统统写进一本书《爸爸爱喜禾》中，哲学家周国平特别写了推荐语——“悲痛的极限是哭着笑，笑对人生最悲惨的苦难，人因此而成了半神。成为半神已经是苦难之子的最高成就了。”喜禾爸爸在书的封面上只写下了一句话：“我只要看到喜禾就很幸福，因为他是我的儿子，和自闭症无关。”

感恩孩子，他们帮助打开的是生活的全部：接受、护佑，还有爱。因为有爱，不幸也会有幸福的味道，只是因为我们的孩子。美好的孩子们替我们卸去面具与战袍，拉住疾行的我们，与他们一起蹲下，去温故大地的脉动。他们和自然界一样，在不动声色之间，带领我们走回灵魂的原点。无论生活是庸常，还是无常，成长中孩子们总会用他们的方式兜售给父母们最好的励志：嗨，老妈，去给我买一条长一点儿的裤子!

“今天推掉了应酬回家和孩子们吃饭。吃完饭想跟他们一起玩，但他们正忙着给自己热衷的电子游戏造关，懒得理我。让我好失落啊。嘿，你们从什么时候开始不黏着妈妈啦？妈妈们，当孩子不缠着我们玩时，我们该为他们长大了而高兴还是为他们终将离开而感伤？”在微博上，妈妈杨澜为孩子们的日渐独立发出了一点幸福的感慨。好在，此时有两个善解人意的女孩成为杨澜姐姐的闺密团。2012 年，杨澜有了两个新搭档刘硕和秋微。刘硕的成长是 80 后版本的“天使爱美丽”，从山东艺术学院毕业以后，选择了去旅游卫视做节目主持人，从资讯、时尚到旅行，各类型节目一做就是 8 年，年纪不大却算得上资深。来到偶像杨澜身边，刘硕形容自己就像是一个中等成绩的学生突然来到重点中学重点班级，又有一种像是孙悟空被丢入炼丹炉，迅速脱胎换骨的感觉。另一位 70 后秋微可谓经历驳杂，学音乐出身，做过知名唱片公司企宣，国际 4A 广告公司经理，广播节目主持人，客串多档类型各异的电视节目嘉宾，而最靠谱的身份就是才女作家。秋微自嘲被《天下女人》青睐是因为自己同时满足三个条件：长得不特别好看、不特别有知名度、略略通晓一点心理分析。如果将杨澜、李艾、赵守镇的第二代组合比喻成青衣、花旦、花脸，今日新版本的三个女性则是姐姐、天使与败犬。60后杨澜魅力不输气场，20年电视生涯熬成的不是冰冷的“资深”，而是权重又亲和的“姐姐”；80后刘硕外表迷人，观点妖娆，为了一份甜点快乐工作；70后秋微，基督徒，貌似张爱玲，自称败犬，笃信活得成功，不如活得尽兴，女作家的敏感触角，让她对人生中各种怪诞和苦涩颇有发言权。生活如同一枚硬币，在她们三个人的手中持续变换：刘硕呈现光明与美好，秋微暗示悲伤与无常，姐姐杨澜把握中庸与调和。

但好看的戏剧常常不按牌理出牌。有一期节目录制前，刘硕竟然给中庸的杨澜姐姐涂抹了粉蓝色的指甲油，姐姐平静笑纳，倒是让台下的制片人段昉陡然一惊。从膜拜的偶像到亲和的姐姐，刘硕和秋微从不吝惜将心中最美好的名号献予杨澜：真实，柔软的文艺女中年？青年？文艺女孩吧，而且是逆反精神的最大捍卫者。

天使、败犬和杨澜姐姐闪亮出镜，蓝指甲、黑嘴唇、机车皮夹克，分别代表独立、自由、叛逆。2012年8月25日，当汪峰见到杨澜，顿呼：“这是我第一次看到杨澜把嘴唇抹成红黑色！”重金属版本的杨澜一脸孩子的坏笑：“这是调和过的，原来打算弄成纯黑色，他们说还是顾及一点大家的感受吧！”

不同于《杨澜访谈录》中两人对于社会批判和摇滚精神的探讨，在《天下女人》现场，他们的谈话从汪峰与女儿的关系说起。杨澜问了一个特别可爱的问题：“你会唱儿歌吗？特别是你们家小苹果还小的时候，你会用这种沧桑的、审视的、质问的声音，给女儿唱‘我要如何存在’，然后小苹果却说‘我要喝奶’。”这个不那么靠谱的问题让“父亲”汪峰流露出了难得一见的幸福柔情，也引领着汪峰重返自己与音乐结缘的少年时代，以及用音乐来疯狂发泄热力与爱的青春岁月。“所有女性都可能成为摇滚歌迷，直到有一位母亲知道她的女儿爱上了一个摇滚歌手。”杨澜从自己同学的经历里总结出的这句话，得到现场女生们的狂呼和认可。不管是《飞得更高》《怒放的生命》《春天里》，还是新专辑《生无所求》，每一首汪峰的音乐中所传达的热情和力量，表达出的对于社会的思考和愤怒，还有那些直指人心的对于灵魂的拷问，让喜欢他的听众接受了一次又一次的音乐洗礼，同时又保持着清醒的状态。他用敏锐的心感知着众人漠视的价值，然后用音乐告诉我们应该如何存在。而女儿的出现，仿佛给了他一个紧箍咒让他重新审视生命，因为在孩子的纯真面前，任何沉重的杂念都会消失。汪峰给女儿写了一首歌《向阳花》，不同于很多音乐人给孩子所描绘的美好世界，汪峰的歌中飘荡着一种独特的情愫：突然有一天你就来了／来到这苍茫的大地／从此你将注定了孤独／虽然这世界是那么繁华／这个世界有一点点脏／有点荒谬有点疯狂／前方的路是那么漫长／也许你会迷失方向／如果你可以／如果你能够／希望你是那纯洁的向阳花／在这美丽的艰辛的生命中坚强地灿烂地绽放。这便是摇滚爸爸对孩子的万般叮咛和独特告白。

2012 年 9 月 1 日，汪峰在北京工人体育场举行了盛大的演唱会，杨澜、刘硕和秋微齐齐前去捧场。就在这个晚上，“天使”和“败犬”共同目睹到了更货真价实的摇滚版本的姐姐杨澜，在汪峰歌声的洗礼中尽情舞动肢体和表情，那是一种烂漫女孩的纯真，但又有超越年龄的醇熟，更是她们无法模仿和参与的灵魂运动。似乎还未尽兴，当天晚上，杨澜发微博继续@刘硕和秋微泼洒激情："直指人心的呐喊，震撼灵魂的旋律，high翻全场！他是位摇滚诗人，给这个交织着繁华与孤寂、光鲜与腐败、傲慢与慌张、欲望与绝望的时代留下音乐的见证。"

摇滚青年，集体记忆，永远的恋人，我们的孩子。温柔，独立，自由，温馨，叛逆，重金属，大清新，80年代，2012末世。所有的影子和调子都在歌声中若隐若现，回不去，也不想回去；未来在哪里，未来即将到来，女人们和男人们已经失去了性别，单凭一颗赤子之心，为赐予我们爱的孩子和爱人们，为眷顾我们的时代与岁月致以最深、最真的感恩。

更好的自己，更好的未来

2012 年 5 月，杨澜接到邀请，为湖南卫视“18 岁的选择——成人礼”做演讲嘉宾。杨澜在微博中写道：“如果说有什么比主持整场晚会还难，那就是演讲。有什么比演讲 1 小时还难，那就是 4 分钟演讲。开头、结尾、逻辑、故事、幽默、热情，一样都不能少。”为了使这次演讲能契合 18 岁孩子的心理，杨澜在家里特地给儿子演练了一遍，当杨澜满怀期待等着儿子的反馈时，儿子老成地点点头：“还不错，起码挺励志的。”

就这样，带着儿子的肯定，杨澜现身 18 岁成人礼。在她出场前，主办方试图用一段话描摹杨澜的全貌：杨澜——无可争议的中国最出色的女性之一、极具全球影响力的复合型传媒精英，她低调地送给我们一个重要的礼物，就是为中国女性确立了一种称之为楷模的魅力化流程，入行 20 多年，她以令人着迷的睿智和优雅，不动声色地穿梭于主持人、畅销书作家、企业家、慈善家，以及女儿、妻子、母亲的多重角色之间。

这是44岁的杨澜吗？44岁真是一个有魔力的年龄，在这样一个神秘的分界点上，杨澜用《我是谁》助阵18岁的青春狂欢。这似乎是一个沉重的命题，但杨澜的姿态放得轻松：18岁的时候，真得有很多人问你很多的问题，比如，下一秒，你想成为谁？啧，我倒是想成为姚明，可是我长不了那么高啊！也许你想成为凯特，但威廉已经结婚了！世界上的王子屈指可数。我想说的是，你们是如此的独一无二，你们的信念、你们的热情、你们的才华、你们的气质、你们的魅力包括还有那么一点点小小的不完美，构成了如此生动的你们。18岁的时候，与其重复，不如创造，为什么不做自己、做更好的自己呢？心理学家告诉我们，如果我们的一生，想做的、能做的和正在做的是同一件事情的话，我们就有可能释放自己更多的天性，实现我们的潜能量，并且获得健康、快乐、成功而幸福的人生。祝福你们，18岁的朋友！

杨澜在结尾提及的心理学家就是海蓝博士。经历个体生命历程中的关键选择，加之在心理学领域的自我探索，在身与心的数度整合中，海蓝获得了自己想要的成功而幸福的人生，也促成了她与杨澜的相遇与相知。

1993年海蓝从复旦大学眼科医学专业博士毕业，师从眼科之父郭炳宽先生，然后于1994年留学美国攻读眼科博士后，师从美国眼科协会副主席，前途不可限量。但研究得越深入，海蓝越觉得有一种无力感，人体实在是一个太复杂太精密的系统，生理层面的治疗对于身体的破坏永远大于建设，一种逆水行舟的感觉让自己陷入疲惫。来美国的第四年即 1998 年，她果断放弃了可以带来丰厚收入的医学，投身到了自己真正有兴趣的领域——心理学。这一年她已是 38 岁，在所有常人的眼中这无疑是个疯狂的决定。当海蓝在心理学领域从零学起的这一年，积极心理学之父马丁 · 塞利格曼以史上最高票数当选美国心理学会主席，《积极心理学》正式成为一门学科。作为当代认知心理治疗的创始人之一，马丁 · 塞利格曼发出了“积极心理学”的召唤——帮助普通人增加幸福感，迥异于 50 年来心理学以研究痛苦和抑郁为核心的方向，幸福和快乐成为心理学领域的崭新课题。在美国田纳西州范德比尔大学 (Vanderbilt) 得到心理学硕士学位后，海蓝进入了美国最大的心理健康中心 Centerstone 移民部担任身心健康顾问，由于和东方哲学的联姻，此间佛教心理学成为美国心理学的主流，诸多概念来自于东方的智慧，倡导用“意念”主动控制和管理自己的情绪，实现对内的宁静和对外的和谐。

一名有着相同东方背景的印度裔心理学家迪帕克 · 乔普拉的理念得到了海蓝的深度共鸣，同样是医生出身，同样在融合西方现代医学和东方古老智慧的道路上前行摸索，尤其是他的全新理念——“整合身心”开启了身心一体研究的新里程，被《时代》周刊誉为 20 世纪 100 位代表性的时代英雄、心灵之王、代替医学的诗人和先知。吸纳认知学派和乔普拉“整合身心”的理论，再结合自己的学科背景，于全美最大的心理健康中心 Centerstone，海蓝为来自世界 30 多个国家的移民和难民提供心理治疗服务。生活和职业的历练，赋予了海蓝在医学和心理学方面的双重学养，再加之她仁爱谦和的性格让杨澜非常欣赏，两个同样致力于让中国女人幸福快乐起来的女人一拍即合，2012 年，杨澜与海蓝联手推出幸福力研修中心，这是在心理学进入到身心整合阶段的一次合作。

无论是马丁 · 塞利格曼拉近幸福的六种美德，还是乔普拉找回快乐能力的七个原则——觉察你的身体，管理自己的情绪，专注于当下，依靠智慧与知识、勇气、节制和卓越的精神等，找回属于自己的快乐和幸福，这就是整合身心的终极目标。积极心理学和海蓝博士的见解给予杨澜建设性的启迪，使得她的每一次思考都是通向幸福和快乐的自我疗愈。2012 年，是杨澜担任欧美同学会副理事长的第七年。在一次领导力的培训活动中，有位心理学家问了大家三个问题：“第一，你当初为什么来？第二，你现在为什么还留在这儿？第三，如果这个组织明天死亡了，你会在它的墓志铭上写什么？”心理学家试图用这三个问题引起大家对于欧美同学会这个组织使命感的思考。这反而启发了杨澜：经历了人生的不同时期，事业和家庭步入了稳定的阶段，当一切成为一种惯性的时候，如何重新获得感知外界的敏感？那就是通过主动地自知和自察回归到最初的自己，这是又一次删繁就简的身心整合。

4 年前，在一次艺术展品拍卖中，杨澜对一位年轻艺术家的作品一见倾心，那是一位表情宁静的菩萨，缨络、珠宝、缎带、头饰，这些外在的东西都已褪去，唯有纯洁的身体与憨然的神态，平静而快乐。这是一个如其本来的过程。在她身上，杨澜看到了一种回归，一种回复赤子之身、赤子之心的蜕变。于是，没有丝毫犹豫，杨澜就购买下来，并放置于自己的办公桌上，与自己日日相对。蜕变往往是化茧成蝶，从卑微的、蠢笨的、自己都很不满意的一种状态，突然焕发成一个美妙绚丽的自己，具有彩虹般的色彩。其实有的时候这种蜕变也可以逆向发生，蝴蝶上的那些亮粉都慢慢消失的时候，心里的那个毛毛虫也挺可爱。

当我们的灵魂被世俗社会磨蚀出更多更厚的茧，更加需要有这种自察的意识，实现“本真”的回归，一种蝶变后对毛毛虫状态的本真保留。《再见，青春》邀请了电视剧《北京爱情故事》的主创陈思成、佟丽娅，讲述剧集里恣意飘扬的青春奋斗精神以及现实生活中两人小儿女情态般的甜蜜爱情。《青春·祭》中音乐人小柯、沈庆，连同美女喻舟一起唱响校园民谣，讲述各自的青涩故事。女人们、男人们瞬间变回女孩、男孩，文艺男中年、女中年重新享受逝去的纯真，如同王尔德所言：回归青春，就是将做过的傻事再做一遍。虽然无法重做一遍，一起傻笑和傻哭也是一种真诚的寻找。

关注这个社会当中女性“真”的困惑，就不只要采访女明星或者女名人，不满足于展现女人的故事，而要仰仗整个团队的力量，以逼近女性心灵成长的真实困惑和痛苦。

在自我认知和自我回归道路上希望走得更远的杨澜，更愿意以“姐姐”的角色陪伴姐妹们同行。面对它、讨论它，就是一种自我解放的方法，就会让很多迷茫中的女性看到一种希望和出路。无论是杨澜，还是其他年轻的姑娘，包括这个城市里早晨街上迎面遇见的拎着豆浆、鸡蛋灌饼，匆匆赶着上班的每一个女孩儿。一个女性的成长也许是这样的：在成长之路上经历了挫折，承受了压力，使出了浑身力气，投入了全部诚意。在这个过程中，她知道了自己是谁，她成熟了成长了，她改变了自己，更多地理解了世界；至今她还在通向梦想的路上走着，提醒自己保持最初的那份赤子之心。

“幸福力”继续发力，更多的美好还在持续。2012 年 11 月 6 日，中国首家“天下女人幸福力”课程在清华大学开启，涵盖从亲子关系、自我提升、婚姻情感、职业发展等影响女性幸福度的诸多方面。作为策动人和发起者，杨澜特邀积极心理学之父马丁 · 塞利格曼教授和“天下女人幸福力”课程首席专家海蓝博士共同出席论坛，为天下女人打造更科学、更全面的幸福价值观。

“更好的自己，更好的未来”是杨澜为《天下女人》提出的新口号。早在人类第一部系统伦理学著作里，亚里士多德就明确提出“美好生活”的概念，人为之奋斗的终极目标便是美好生活。恰如马丁 · 塞利格曼所言：美好生活来自于每一天都应用你的突出优势，而有意义的生活还要加上一个条件——将这些优势用于增加知识、力量和美德上。这样的生活一定是孕育着意义的生活。如果神是生命的终点，那么这种生活必定是神圣的。

图书在版编目(CIP)数据

幸福要回答 / 杨澜，朱冰著. —南京：江苏文艺出版社，2013.1（2014.7重印）
ISBN 978-7-5399-5874-3

Ⅰ. ①幸… Ⅱ. ①杨… ②朱… Ⅲ. ①成功心理－通俗读物 Ⅳ. ①B848.4-49

中国版本图书馆CIP数据核字(2012)第310313号

书　　名	幸福要回答
著　　者	杨　澜　朱　冰
责任编辑	蔡晓妮　徐颢妍
特约编辑	李　丹　甘玉龙
助理编辑	余　点　夏　源　王奥林
文字校对	郭慧红
装帧设计	门乃婷工作室
出版发行	凤凰出版传媒股份有限公司 江苏文艺出版社
出版社地址	南京市中央路165号，邮编：210009
出版社网址	http://www.jswenyi.com
经　　销	凤凰出版传媒股份有限公司
印　　刷	三河市金元印装有限公司
开　　本	700毫米×1000毫米　1/16
印　　张	17
字　　数	176千字
版　　次	2013年1月第1版　2014年7月第23次印刷
标准书号	ISBN 978-7-5399-5874-3
定　　价	35.00元

《一问一世界》

杨澜入行20年首部传记作品
立体展现杨澜非常媒体生涯

杨澜 朱冰 著　定价：32.00元

她，被推选为“能推动中国前进，重塑中国形象”的新时代女性；她，创建了中国第一个以历史文化为主题的卫星频道；她，采访了数百位世界政要和各界风云人物，被誉为“中国的华莱士”；她，荣获了国家公益慈善领域最高奖——中华慈善奖……荧屏内外、舞台上下，她用她的美丽与知性，打动了中国，撬动了世界！她——就是杨澜！

这本书是杨澜入行20年首部传记作品，书中通过采访500多位世界政治、商业、艺术、体育、文化等各界精英人物，经由一次次提问，串联起杨澜印象深刻的若干采访，立体展现了她的非常媒体生涯，记录了一个真实的杨澜和这个时代的历史真相。

在书中，杨澜将告诉你：她从1990年到2010年的生命跨越和岁月流转；她与基辛格、克林顿、布莱尔、老布什、李光耀、韦尔奇等高端人物的交往秘辛；她如何在人生每个节点自由潇洒地转换；她对“赢”的重新理解和体悟；她眼中的传媒江湖……

《我的零点时刻》

朱军首次披露主持数年春晚经历，讲述非常人生感悟

朱军 著　定价：35.00 元

他原本是一名军乐手，他曾经是一位相声演员，现在他却握起了主持的话筒；他在《东西南北中》的荧屏上走遍了祖国的大江南北，他在春节联欢晚会的舞台上陪伴我们除旧迎新数十载，他在《艺术人生》的舞台上与艺术家们一起感悟艺术与人生的真谛…… 率性朱军，用勤奋的脚步走出了一条不寻常的人生路。

《我的零点时刻》是朱军的坦诚之作。他在书中回忆了那些属于他自己的“零点时刻”：荣光时、黯然时、欢歌时、悲泣时…… 每一时刻的感悟，都使他的生命愈加厚重；每一处率真的笔触，都使我们进一步认识朱军、走近朱军。

这里有朱军主持数年春晚的幕后故事；这里有朱军经营幸福人生的岁月感念；这里有能让每一个人回味无穷的中国往事。在这本书中，朱军将首次披露数年春晚的幕后故事，展现他和《艺术人生》中那些明星的非凡经历，细数他和妻子相濡以沫的美丽爱情，讲述他对国家、对时代、对人生的独特理解……

《只有医生知道！》（第二部）

第一本未被收入的十万字手稿和读者反馈最想知道的医学知识，诚意奉上！

* * *

1. 孩子是床上生活的副产品，跟随性高潮而来的 baby 才是优等生。

2. 怀不上孩子不见得都是咱女人土壤有问题，男人的种子是否天生残疾也要验明正身。

3. 协和不孕症专家的最佳备孕处方：月经干净后坚持规律性生活，至少每周两次。

4. 避孕这事儿，普通女人戴套，文艺女人吃药，2B 女人反复流产还说“他是为我好”。

5. 服用 21 天避孕药 =30 天无后顾之忧的超爽快感 + 美肤 + 调教大姨妈，甚至可以不长胖，天底下有这样的好事儿？

6. 痛经不是女人的宿命，小痛请吃药，大痛快就医！！！

7. 药流有风险，人流需谨慎，那点儿小概率事件落在你头上就是百分之百。

8. 对女人来说，有一种“自摸”是必需的，定期乳腺自检，远离乳腺癌。

9. 宫颈糜烂是病的说法太 out 了，让想借此宰你一刀的医疗机构见鬼去吧。

10. 宫颈癌是少数能够早期发现和治愈的妇科癌症，定期做 TCT 检查 = 给宫颈上保险。

11. 谁动了我们的卵巢？卵巢囊肿类型多，滤泡、黄体等生理性囊肿不用开刀，3 到 6 个月自然会消。

12. 聪明的阴道生病都是愚蠢主人造成的，改变生活方式，远离阴道炎症。

13. 更年期是女人的一道坎，既然无法延缓不如欣然接受，难受就吃点药吧，女性激素替代治疗没有传说中那么可怕！

14. 卵巢早衰不可逆，卵巢保养是伪命题。

15. 不起作用还惹事儿？绝经后名存实亡的两个卵巢就是不定时炸弹：70% 的卵巢癌发现时已届晚期，70% 的病人活不过 5 年。

16. 从你出生那天起，400 颗卵子就一直在等待与精子相遇，想生娃要趁早，别等消耗殆尽才追悔莫及。

……

THE END